世紀大冤案：

南迴搞軌

辯護律師的不平之鳴

吳漢成　著

「南迴搞軌案」重要圖片集

圖 0-1　95 年 3 月 17 日，莒光號 96 車次在南迴鐵路枋寮
　　　　站起算 10.9 公里的地方，發生翻車意外（見 p.24，
　　　　聯合報／提供）。

圖 0-2　南迴鐵路火車出軌案關係人李雙全上吊自殺身亡，
　　　　95 年 3 月 24 日下午，家屬在立法院舉行記者會，
　　　　抗議檢警偵辦違反偵查不公開原則，李雙全父親李聚
　　　　寶（左）悲痛為兒子喊冤，右為李雙全哥哥李泰安（見
　　　　p.25，中央社／提供）。

圖 4-1　鋼鐵均有環扣將每段鋼軌固定在水泥枕木上，每
　　　　60 公分架設一根水泥木枕（見 p.84）。

圖 4-2　共有 83 根枕木的左右扣環將鋼軌固定在水泥枕
　　　　木，而每個扣環外徑的高度為 4 公分（見 p.84）。

圖 4-3　鋼軌需要經由大型機具直接吊起離開枕木
　　　　上之扣夾座，才可直接平移過 4 公分高之
　　　　扣夾座（見 p.84）。

圖 4-4　每段鋼軌長 50 公尺，重 2500 公斤，必須藉由
　　　　大型機具，不可能單獨一人手持機具就能拗彎或
　　　　搬動鐵軌（見 p.85）。

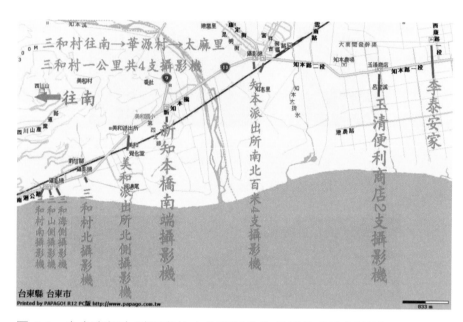

圖 6-1　由台東知本到屏東枋山的南迴公路與屏鵝公路攝影機
　　　　（從李泰安知本家到太麻里）沿路有 8 個（見 p.107）。

圖 6-2　95 年 6 月 15 日檢察官再度查扣李雙全的自
　　　　小客車，由王〇俊偵查員開到知本加油站加
　　　　油（見 p.108，羅紹平／拍攝）。

圖 6-3　王〇俊徒手「未戴手套」開啟車門、進入車
　　　　內，準備將車開回屏東（見 p.108，羅紹平／
　　　　拍攝）。

圖 6-4　王〇俊偵查員將李雙全自小客車開上南迴公路，經由屏鵝公路開回屏東（見 p.108 羅紹平／拍攝）。

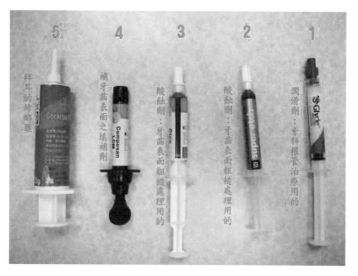

圖 7-2　市售各式各樣針筒，文字極小，在光線不足的情況下，無法用肉眼看到針筒上的文字。（見 p.123）

第 1 章　本案關鍵被指為李氏兄弟要詐領保險金

第 2 章　陳氏紅琛體內真有蛇毒？

第 3 章　陳氏紅琛死因

第 7 章　限期破案往往製造冤獄

第8章　公權力何苦全力追殺李泰安全家？

推薦序

律師負有發現真實、實現司法正義的責任

　　二年前某日，台大法律學院系友聚會於台東，偶然談及 15 年前轟動台灣的「南迴搞軌案」，乃請承辦該案的吳漢成律師解說，其辦案經驗及所涉及的法律爭議。大家深受啟發感動，即建議吳律師撰寫專書，公諸於世。在場的幸福綠光出版社社長洪美華表示樂意協助編輯出版。促成今天我們看到這本具有意義的重要著作。

　　南迴搞軌案的事實是一位嫁給台東李雙全的越南新娘陳氏紅琛，於民國 95 年 3 月 17 日搭乘的台鐵 96 車次莒光號，在到達鐵路枋起 10.9 公里的地方發生翻車意外，火車出軌，陳氏紅琛受傷被送至枋寮醫院，卻在翌日凌晨不治死亡。案發後經人檢舉，檢察官偵查，法醫鑑定，證人證言，最高法院多次發回審理，最後認定李雙全及其哥哥李泰安為詐領保險金，由李泰安製造車禍，李雙全在加護病房為陳氏紅琛注射酒精致其死亡。李雙全在偵查期間上吊自殺，李泰安被判處 13 年有期徒刑。

　　吳漢成律師在本書基於其全程參與偵查及審判辯護的專業判斷，對前述法院所認定的三個關鍵事實，提出質疑：

1. 李氏兄弟是否確為詐領保險金而犯案？

2. 陳氏紅琛體內是否確有蛇毒或其他毒物？

3. 李泰安是否破壞鐵軌，使用何種工具，證物何在？

　　律師為在野法曹，其任務在於維護當事人的權利，並負有發現真實實現司法正義的責任。律師就其承辦重大案件，蒐集事證，作法律上判斷並依經驗法則，客觀合理論證，而就法院的認事用法提出不同意見，係一種法之溝通，包括對法院、對法學界、對社會的溝通，具有重要意義。此種溝通可以促使司法的自我檢視，透明司法審判的過程，使人民認識實現司法正義的困難及所受的限制，增強人民對司法的重視，支持司法改革，積極參與司法（例如作證、擔任國民法官、提供改革建議等），共同協助完善台灣的司法制度。

值得特別重視的是，吳漢成律師藉此個案，就其親身的體驗及專業的觀察，提出若干攸關實現正義、保障人民權利的思維觀念及制度性的重要因素：

第一、應更認真對待無罪推定原則與罪刑法定主義。

第二、要求限時破案，容易造成冤案。

第三、慎於使用公權力避免過度追訴。

第四、鎖定一名嫌犯偵辦容易發生誤差。

第五、要注意細節認真閱卷宗等。

法強則國強，法弱則國弱，法之強弱在於司法能否實現正義，保障人民權利。如前所述，律師就其承辦重大案件 (不限於刑

事案件)，本其專業客觀合理的判斷，對偵訊調查及法院判決提
出自己的法律見解，是一種法之溝通。溝通體現法的內在道德
性，可供發現問題，啟發反思檢討，形成共識，增強人民對司
法的信心與尊重，促進司法改革與法律的發展。

　　　　　　　　　　　　　台大法律學院 名譽教授　王澤鑑

推薦序

期待審檢辯以民為先，
凝聚推動司法進步新共識

　　我所認識的吳漢成律師，不僅學養經驗頗受同道肯定，而且熱心公益，多年前臺灣冤獄平反協會成立時，他也是率先投身支持的創會會員之一。

　　猶記當年我國刑事訴訟法修法引進改良式當事人進行主義，面對諸如交互詰問制度、證據排除法則等等新制，審檢辯都面臨極大挑戰。由於個人對此刑訴新制稍有涉獵，也積極透過參與相關研討會，學習各方賢達高見與經驗。其中幾場交互詰問制度的研討會中，個人和吳律師多次互動交流，也在此時了解到吳律師當時承辦的台東搞軌案，除了略知案情一二之外，對吳律師用心投入的程度及專業堅持，印象深刻，極為佩服。

　　當時我們針對若干重要的法律爭點，例如證人轉述已死亡之共犯在審判外的陳述，能否類推適用刑事訴訟法第 159 條之 3 傳聞例外的規定？又如傳聞證據具有可信之特別情況有那些，互相探討切磋，深入透徹，獲益良多。

　　得知吳律師在該案判決確定後，仍在百忙中彙整全案經緯梗概，並分析點評幾個關鍵因素，其研究精神與毅力，令人敬佩。尤其，書中所提出的種種具體問題與評論，即便會有仁智之見，但相信仍可以提供法律實務工作者鑑往知來，截長補短，也深切期待審檢辯都能以民為先，捐棄本位，互相砥礪，以凝聚推動司法進步的新共識。

臺灣冤獄平反協會 創會理事長　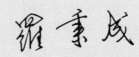

作者序

時隔 15 年，為什麼還要寫這本書 ?!

這是一個外籍配偶死於火車出軌意外之後所引發的案外案。

整個事件簡單說，就是台鐵南迴線 30 年老舊莒光號車體未除役、火車司機出枋山隧道下坡右轉路段未減速，造成離心力過大而出軌，受傷送醫之外籍配偶在送醫後疑似醫療疏失死亡，卻造成家破人亡，受害人家屬變成受刑人的鬧劇。

從以下的敘述，便可輕易了解：

為何小蝦米的家園成為「泰安休息站」？

民國 95 年 3 月 17 日，一列台鐵莒光號 96 車次，到達南迴鐵路枋寮站起算 10.9 公里的地方，發生翻車意外（見圖 0-1）：列車出軌，三節車廂翻覆至一旁的蓮霧園中，造成 1 人死亡、2 位司機受傷。越南籍新娘陳氏紅琛在翻車後被送至枋寮醫院，卻在翌日凌晨不治死亡。案發後，有人指證陳氏紅琛生前投保高額保險，從此衍生後續南迴搞軌案錯綜複雜的劇情。加上這個案件最主要的男主角李泰安個人人格特質，遊戲人間一副不在乎的態度，還在當時掛著「泰安休息站」招牌，調侃專案小組成員，一下子聚集全國媒體，成為矚目的新聞焦點！

而檢察官懷疑李泰安胞弟李雙全似乎為了詐領高額保險金，而對越南妻子陳女遺體進行解剖，李雙全竟留下不捨妻子被解剖之遺書，並在 95 年 3 月 23 日於住處後方上吊自殺。檢察官當日上午立即召開記

者會表示，經過檢方掌握之證據，李雙全在那幾年投資股票大虧，並為陳女投保高額保險金，有詐領保險金之動機。沒想到當天中午台東大華證券協理出來打臉檢察官稱：「正確是賺錢，我不知道他們數字怎麼出來的，現在已經交由專業人計算中，那如果說就您看，說虧 3 千多萬是不是太誇張！是（太誇張）。」

李雙全炒股小賺，並非大虧；投保都是例行性，並非詐領！

李雙全炒股賺了多少，大華證券基於個人資料保護法，不能透露；但明明是個人資料，又怎麼會公諸於世？檢方清查後聲稱，90 年 10 月底到 93 年 6 月 10 日間，李雙全在台東大華證券買股大虧 3200 多萬，國票證投資也有虧 82 萬，累計 4 年虧損 3346 萬；但財金單位實際計算是小賺幾十萬。至於李雙全是否藉機殺妻詐領保險理賠？更是錯誤指責，詳見本書第 1 章「本案關鍵被指為李氏兄弟要詐領保險金？」讓數字說真話。

李雙全炒股小賺

於是李聚寶和李泰安就認為是檢察官偵查方向錯誤才逼死李雙全，在台鐵工會理事長陪同下，前往立法院陳情（見圖 0-2）。記者會結束後，立委林惠官（不分區立委）率家屬到立法院議場門口，準備向行政院院長攔路喊冤，但在重重警力戒備下，只見車隊呼嘯而過，行政院院長隨即匆匆走進議場內。

高層以政治生命為賭注，開出「半年內改善治安」目標，卻遇上「鐵路怪客」再度犯案，上級破案壓力及全國譁然關注下，這起意外事件被檢警神逆轉成「殺妻詐領保險金」案。劇情被編織成這樣：「李雙

全等為謀取六、七千萬元鉅額保險金，殺害陳氏紅琛，從 93 年 10 月 21 日起，七次由李雙全、李泰安及黃○來（請見第 3 章、第 6 章）三人交叉配合，製造火車出軌意外。95 年 3 月 17 日陳氏上車前服用意妥明而昏迷，李雙全在妻子送醫院後在院加護病房中伺機注射含酒精液體，造成陳女肺部大出血死亡。」

法醫鑑定陳氏死因是多重創傷，不是藥物中毒

實則，負責解剖之法務部法醫研究所醫師解剖鑑定結果卻認定，陳氏紅琛是死於「多重創傷性傷害」，並在 96 年 3 月 14 日屏東地院審理中，當庭爆料解剖報告送交檢方後，檢察官竟建議她將陳氏死因改為「藥物中毒」，但被該醫師堅持依專業判斷而拒絕。

整個事件本來和李泰安無關，偏偏李泰安當天在翻車現場出現，李泰安說是要去台中烏日找親戚，請弟弟李雙全一起買火車票搭上這班車。但檢警卻認為李泰安是當天下午就先躲到翻車現場，等候 96 次莒光號到達；並在翻車 40 分鐘前的自強號列車通過後，憑自己一個人破壞鐵軌（請見本書第 4 章），造成火車出軌，以配合李雙全詐領保險金計畫。

偵查中，李泰安提出當天下午在台東的不在場證明，並不惜自曝有吸安非他命惡習，舉出當天下午去找藥頭買藥之證人，還說當天前往知本火車站前，騎機車途經台東知本路的玉清商店遇到李姓友人，希望這兩位證人能證明他確實搭上 96 次莒光號列車，而不是事前躲到現場去破壞鐵軌。

錯失 2 個有利證人，4 名秘密證人謊言指證

　　可惜李某因承受不住專案小組訊問之壓力，證詞反反覆覆，還被檢察官起訴偽證。而藥頭更不會為了李泰安的清白，換來自承販賣安非他命可能被判決最輕本刑七年以上有期徒刑之代價，錯失兩個不在場證明。

　　針對是否有破壞鐵軌的鐵路怪客，交通部提供 500 萬元檢舉獎金，在 95 年 7 月 26 日偵辦期間，還向媒體表示沒有人達到獎金發放標準。但專案小組表示已找來了至少有 4 名願冒著生命風險，指證李雙全涉案的女性秘密證人。其中包括 2 名小學生，這 4 位說她們的位置在第 2 車，在翻車後全車斷電、伸手不見五指情況下，可以看到李雙全從背包拿出一個針筒要幫陳女打針，還看到針筒上有英文字 C 開頭（嗯！證人應該有戴美國綠扁帽部隊專用具有夜視功能的眼鏡）。

　　還有位楓港某餐廳的廚師作證說，翻車當天下午在店裡看到李泰安，李泰安還問他附近的鐵路在那裡……，並一起和上述這 4 位秘密證人報請交通部核發獎金。事後為了讓這些證人能照劇本在地方法院出庭作證，還真的核發檢舉獎金。偏偏這些證人在後來二審以後，因為證詞矛盾百出又不合理，最後都遭法官不予採納！！如此的檢舉制度，不禁令人懷疑，到底是真的冒著生命危險來舉發犯罪？還是只要配合演出就可拿到天上掉下來禮物？我也很想知道，日後如果有一天有再審判決，推翻這些證人之證言，是否核發獎金單位必須追回獎金?!

即使判決已經確定，也要追究到底：究竟是誰在搞鬼?!

　　當時我剛好擔任國軍官兵眷屬輔導訴訟之義務律師，就在翻車後一個多月的95年5月初，接到台東榮民之家轉介榮民李聚寶前來請求協助而接下此案。但在偵查階段，也就是95年5月到8月，這短短幾個月面對著國家公權力介入，以一個律師立場來看，是嚴重的武器不平衡。這就好像律師帶著李泰安，只有戴著斗笠、手拿點38手槍與短刀要衝出山谷，卻面對專案小組在谷口架著機關槍、大砲，兩邊山上還不時投下擂木滾石、熱油一般的武器不平等。

　　從偵查到審判，諸多小蝦米對抗大鯨魚的橋段，也許仍有人想知道：到底專案小組對一個名不見經傳的升斗小民動用了那些追殺手段？到底是誰在搞鬼？

　　案件定讞了，卻找不到直接證據證實李雙全兄弟破壞鐵軌，光憑一些推論、再找一個所謂李雙全的好友當秘密證人就定讞了。至於李家，從一個單純意外受害人家庭，被搞到家破人亡，李氏兄弟，一個死了、一個坐牢，老父含怨過世！這起案件有沒有敲響檢調司法審判各界警鐘？

　　這，就是我想在這本書告訴大家的。感謝讀者耐心閱讀以下的陳述與資料，相信您也會有不平之鳴的同感。

第 *1* 章
本案關鍵被指為李氏兄弟要詐領保險金?

李雙全及家人從民國 84 年起外出旅遊均有投保旅行平安保險之習慣,而且金額大多是 2000 萬元;本次翻車事故前,李雙全也是照往例投保旅行平安保險。

　　南迴搞軌案之所以沸沸騰騰，其實是新聞媒體炒作而來，尤其又加上李雙全受不了媒體隱諭其為求詐領保險金致不惜以「蛇毒」殺害陳氏紅琛報導之壓力，而身穿紅內褲上吊自殺，更博得廣大新聞版面。

　　當時，李泰安家之 SNG 車每天就有 11 部、平面及電子媒體記者 80 餘人，在我的律師事務所門口的 SNG 車也有 5 部、早上 8 點半以後就有十幾位媒體記者「常駐」律師事務所到下午 5 點，形成所謂「泰安休息站」之不正常社會現象。

提供媒體不實案情，違反偵查不公開，
更造成輿論審判

　　而檢察官懷疑李泰安胞弟李雙全似乎為了詐領高額保險金而對越南新娘陳女遺體進行解剖後，李雙全竟留下不捨妻子被解剖後之遺書，並在 95 年 3 月 23 日於住處後方上吊自殺。檢察官在當日上午立即召開記者會表示：經過檢方掌握之證據，李雙全在那幾年投資股票大虧，並為陳女投保高額保險金，有詐領保險金之動機…。這是專案小組成功利用媒體搶獨家之心態，違反偵查不公開原則，私下將一些先入為主立場之內容，交由媒體以採訪之方式報導，藉由媒體大肆報導，強迫社會大眾進行輿論審判。

　　常駐於我的事務所之電視台記者，曾將手機接收自刑事警察局南部打擊犯罪中心的簡訊給我看，才知竟然南打中心每天以簡訊提供案情，用訊息給各媒體記者，形同每天作簡報一般，明顯影響案情內容；特別是極可能讓將來可能審理到本案的法官，先有相當心證產生，這是法治社會不該發生的辦案手法。

　　事實上本事件發生時，李雙全可以領取之保險金有多少？媒體報導是 6500 萬元。但是如果從檢察官核對後之資料顯示如下：

表 1-1　陳氏紅琛身亡之保險理賠金額

保險公司	保險種類	保單號碼	投保日期	要保人	受益人	被保險人	請求金額
安泰人壽	平安保險	91010***** (AD&D)	95.3.15	李雙全	李雙全 李○皓	陳氏紅琛	2000 萬
安泰人壽	壽險附加意外傷害	XWLD：16 萬 XTR：84 萬 NAD&D：500 萬	93.3.13	李雙全	李雙全及法定繼承人	陳氏紅琛	1100 萬
國泰人壽	投保團體保險	G3000*****	93.1.1， 95.2.1 續保	李雙全	李雙全	李雙全 陳氏紅琛	500 萬
明台產物	信用卡購買車票	保單號碼 080094TAC***** 07-066370*****	95/3/17 晚上七點多在台鐵台東新站刷卡 810 元購買由台東往鳳山之莒光號列車車票	慶豐商業銀行（白金卡）	法定繼承人	陳氏紅琛	2000 萬
泰安產物						陳氏紅琛	2000 萬

以上可請求理賠之金額共 6500 萬，但其中 2450 萬之受益人為陳氏紅琛的法定繼承人（在越南的父母），而非李雙全（個人）。

　　由上表可知，理賠金額的受益人一部分是陳氏紅琛的法定繼承人。而從以下的陳女繼承系統表來看，陳女和李雙全結婚後，並未生子，也未收養李雙全和前妻所生的兩個兒子，所以她過世後的法定繼承人

是李雙全（民法第 1144 條第 2 款）和在越南的父母（民法第 1138 條第 2 款），其應繼分各為遺產二分之一。

　　所以，在保險契約中如果沒有指定受益人情況下，受益人就是法定繼承人，這時候李雙全只能取得一半的保險金，另外一半要全部分給陳女在越南的父母，這樣計算起來，李雙全在安泰平安保險部分可領得 1000 萬元、在安泰壽險可以領得 550 萬元、國泰人壽員工團體保險可以領到 500 萬元、信用卡購車票的兩家保險公司可以各領得 1000 萬元，所以李雙全可以領得 4050 萬元，並不是專案小組對外公布的 6500 萬元。

表 1-2　陳氏紅琛繼承系統表

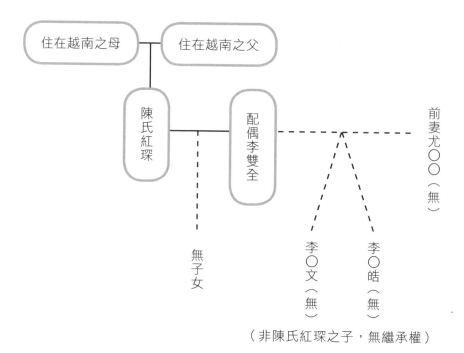

民法第 1144 條

配偶有相互繼承遺產之權，其應繼分，依左列各款定之：

一、與第一千一百三十八條所定第一順序之繼承人同為繼承時，其應
　　繼分與他繼承人平均。

二、與第一千一百三十八條所定第二順序或第三順序之繼承人同為繼
　　承時，其應繼分為遺產二分之一。

三、與第一千一百三十八條所定第四順序之繼承人同為繼承時，其應
　　繼分為遺產三分之二。

四、無第一千一百三十八條所定第一順序至第四順序之繼承人時，其
　　應繼分為遺產全部。

民法第 1138 條

遺產繼承人，除配偶外，依左列順序定之：

一、直系血親卑親屬。

二、父母。

三、兄弟姊妹。

四、祖父母。

投保項目絕大多數是長期慣例

再來檢視這些保險項目，可以發現，其中有事故兩年前投保的「壽險」；鐵路局員工的團體保險；還有搭乘火車以慶豐銀行信用卡刷卡買火車票，信用卡公司自動替李雙全夫妻投保的意外險，不必支付保險費分文。在翻車前不久才投保的，只有 95 年 3 月 15 日向安泰人壽投保的旅行平安保險 2000 萬元。而檢察官從自己調閱整理的資料也了解，李雙全從 84 年間起就有長期向「安泰人壽」投保壽險、旅行平安保險，這是常期固定的投保，只要有外出旅行，一定投保旅行

平安保險，不管海外或國內均同；且國內旅遊有時投保之金額更高達4000 萬元。

至於旅遊地點在「越南」，從 92 年間起迄翻車這次共有六次越南旅遊，全部都是固定投保 2000 萬元的旅行平安保險，不只如此，這段期間李雙全共前往大陸旅遊四次，也是全部都是固定投保 2000 萬元的旅行平安保險。如此看來，95 年 3 月 15 日這次前往越南之前所投保之 2000 萬元的旅行平安保險，與在此之前的九次並無異常。所以如果說要詐領高額保險金，好像不太能說服我們。

李雙全為什麼會有此投保習性？經請教李泰安後才知，原來李雙全第一任女朋友當時任職保險公司，擔任業務員，在其前女友專業建議下，了解保險是應付未來不確定性風險的一種管理手段，目的都在於保障未來正常的生活，同時又可多少增加前女友的業績，所以自然養成外出就投保旅行平安保險習慣；這種投保習慣，一直到與女友分手後，仍繼續維持，可以從下列投保統計表得知：

表 1-3　李雙全歷年投保旅行平安保險總表

保險公司	保險期間	保險種類	保險金額	被保險人	要保人	受益人
中國人壽	790716	個人壽險	20 萬			
安泰人壽	841207	個人壽險	300 萬	李雙全	李雙全	李聚寶
安泰人壽	850915			前妻尤○○		陳○鳳（母）
安泰人壽	861220			李○皓		李雙全
安泰人壽	900214		100 萬	范氏	范氏嬌娥	李雙全
安泰人壽	900622			李○文		李雙全
安泰人壽	900704			李○文		李雙全

保險公司	保險期間	保險種類	保險金額	被保險人	要保人	受益人
安泰人壽	920420～920426，7 日	意外險（越南）	2000 萬	李雙全	李雙全	法定繼承人
安泰人壽	920815～920819，5 日	意外險（大陸）	2000 萬	李雙全	李雙全	李○皓、李○文（均分）
安泰人壽	930313 起 30 年	個人壽險 20XWLD	16 萬	陳氏紅琛	李雙全	李雙全
		20XTR	84 萬			
	950105	加保意外險	500 萬			
安泰人壽	930326～930330，5 日	意外險（大陸）	2000 萬	李雙全	李雙全	法定繼承人
安泰人壽	930815～930821，7 日	意外險（大陸）	2000 萬	李雙全	李雙全	李○皓、陳氏紅琛（均分）
安泰人壽	930909～930911，3 日	意外險（環島）	4400 萬	李雙全	李雙全	法定繼承人
安泰人壽	930909～930911，3 日	意外險（環島）	4400 萬	陳氏紅琛 / 李雙全 李○皓 / 李○文	李雙全	法定繼承人
安泰人壽	931018～931020，3 日	意外險（澳門）	4000 萬	李雙全	李雙全	李○皓
安泰人壽	931211～931218，8 日	意外險（越南）	2000 萬	陳氏紅琛	李雙全	李雙全
國泰人壽	940101～941231	台灣鐵路工會台東分會團保	500 萬	陳氏紅琛	李雙全	李雙全
國泰人壽	940101～941231	台灣鐵路工會台東分會團保	500 萬	李雙全	李雙全	李雙全

保險公司	保險期間	保險種類	保險金額	被保險人	要保人	受益人
安泰人壽	940313			尤〇〇		陳〇鳳（母）
安泰人壽	940322～ 940328，7 日	意外險（越南）	2000 萬	李雙全	李雙全	李〇皓、 李〇文（均分）
安泰人壽	940323～ 940506，45 日	意外險（越南）	2000 萬	陳氏紅琛	李雙全	李〇皓、 李〇文（均分）
安泰人壽	940618～ 940620，4 日	意外險（澎湖）	4000 萬	陳氏紅琛、 李雙全	李雙全	李〇皓、 李〇文（均分）
安泰人壽	940618～ 940620，4 日	意外險（澎湖）	4000 萬	李雙全	李雙全	李〇皓、 李〇文（均分）
國泰人壽	941108～ 941116	旅行平安保險 （越南）	2000 萬	陳氏紅琛	陳氏紅琛	
國泰人壽	950101～ 951231	台灣鐵路工會 台東分會團保	500 萬	陳氏紅琛	李雙全	李雙全
國泰人壽	950101～ 951231	台灣鐵路工會 台東分會團保	500 萬	李雙全	李雙全	李雙全
安泰人壽	950209～ 950214，6 日	意外險（大陸）	2000 萬	李雙全	李雙全	李〇皓、 李〇文（均分）
安泰人壽	950315～ 950413，30 日	意外險（越南）	2000 萬	陳氏紅琛	李雙全	李雙全、 李〇皓（順位）
安泰人壽	950407～ 950413，7 日	意外險（越南）	2000 萬	李雙全	李雙全	李〇皓、 李〇文（均分）
信用卡 買車票	950317	交通事故 意外險	2000 萬	陳氏紅琛	慶豐商業 銀行	法定繼承人

　　而從這些保險紀錄來看，專案小組說李雙全藉由投保高額保險來詐領保險金，我們只有一句話：您們連續劇看多了！

第 2 章
陳氏紅琛體內
真有蛇毒？

偵查初期，專案小組釋放出陳氏紅琛體內被注射蛇毒的不實消息。

事實上，經過鑑定，陳女體內沒有任何出血性與神經性蛇毒。

這個案件當初檢察官起訴書（案號：屏東地檢署 95 年偵 4371 號）認定：李泰安與李雙全為遂行詐領高額保險金，而謀議由李泰安以破壞鐵軌造成本件莒光號列車出軌意外，陳氏紅琛亦因此受有意外傷害之假象，然後再伺機由李雙全為陳氏紅琛注射「不明之蛇毒」死亡，達到致使陳氏紅琛意外死亡，以詐領意外保險保險金之目的。

偵查中專案小組費盡心思指摘陳氏死於蛇毒

專案小組在本案偵辦之初，即藉由國家公權力透過各醫學中心的專業人員提供陳氏紅琛死因之推論：一為蛇毒、二為其他不明毒物、三為藥物，本書以下一一揭示推翻這三個推論的佐證；因為，陳氏的死因，就是專案小組不願承認的第四種可能：「意外致死」（請見本書第 3 章）。

專案小組一開始因為醫院無法解釋為何陳女在進入加護病房後，竟在短短數十分鐘之內，由昏迷指數 15 一下子掉到 3，經過急救二個小時還是不治死亡的結果；參照李雙全的前妻是死於被雨傘節咬傷死亡，因而推論：

—李雙全對蛇毒有特別喜好，大膽假設陳女是被注射蛇毒致死。

—後來因為經過疾病管制署以正確鑑定方法檢驗陳女解剖取得之血液，發現陳女體內沒有「出血性」與「神經性」蛇毒而作罷，但堅持陳女一定是死於毒物。

—所以檢察官後來在高院審理期間向法官說，陳女體內沒有驗出任何毒物，但沒有驗出不代表就沒有，這就好像空氣，我們摸不到，但不代表沒有，所以稱為「不明毒物」。

—這項論述檢察官自己都覺得心虛，最後才又改回是意妥明藥物加上
大量酒精交互作用致死。

事實證明完全排除前三種死因

可是當時專案小組一一比對陳氏紅琛各項病歷後，這三種推論，每
種都存在各別的矛盾：

一、最早排除的就是「意妥明加酒精交互作用死亡」

因為從陳女解剖後之報告只有發現意妥明，並無酒精成分，又陳女
屍體雖然有微量酒精反應，但酒精含量不多，不可能和意妥明交互作
用；而且經送請台大法醫所鑑定這酒精是生前就有，或是死後自然產
生時？該所鑑定後明確回覆是「死後自然產生」而推翻這項推論（見
圖 2-1）。

---

4. 再將陳氏紅琛檢體作定量分析，發現其乙醇（Ethanol）濃度為 12.3
mg/100 mL，丙醇（n-Propanol）為 3.42 mg/100 mL。

5. 由上述，可知該檢體至少含有 7 種揮發性物質，且由乙醇與丙醇濃度
之比率，顯示該檢體之乙醇（Ethanol）濃度，應屬死後所產生。

6. 以上係根據貴署檢送之檢體所作的檢驗結果，惟此檢體系屬殘存檢體，
是否有經過污染、揮發或其他變化，則無法得知。

7. 由於死者於死後約有 2 小時未加冷凍或冷藏處理。自 3 月 18 日 5 時
送至枋寮禮儀社冷藏到 17 時（計 12 小時），再由救護車（無冷藏）
送到台東殯儀館。自 3 月 18 日 20 時 50 分再冷凍至 3 月 22 日 10 時始
解凍。3 月 23 日 14 時 30 分作解剖，所以斷斷續續合計約有 10 小時
的時間曝露於室溫下。

圖 2-1　台大醫學法醫所回函：陳氏紅琛體內酒精是死後產生。

二、疾病管制局 95/6/5 回函：無任何出血性與神經性蛇毒

在前者觸礁之後，專案小組就不斷向媒體放出陳女體內有蛇毒的訊息，因為偵查不公開，當時我沒有資料可以參閱、判斷或辯駁。

一直到起訴送屏東地方法院可以閱卷之後，才發現（1）原來專案小組在 95 年 3 月底解剖陳氏紅琛後，解剖鑑定報告便明載根本沒有發現有「蛇毒」在其體內；（2）2 個月後由檢察官在 95 年 5 月 24 日召開蛇毒檢驗專家會議決議：針對疑似抗鎖鏈蛇報告增加免疫擴散法及質譜分析進行確認，及增加神經性蛇毒（雨傘節）的定性分析，由當時的疾病管制局就陳氏紅琛之檢體，以 SDS-PAGE（聚丙烯醯胺凝膠電泳）、西方墨點法、免疫擴散法及質譜分析檢驗結果，該局在 95 年 6 月 5 日回函：無任何出血性與神經性蛇毒。

大家可以回想，95 年 3 月一直到 6 月間，所有的電視、平面媒體無一不在報導「蛇毒」，一位台南黃姓蛇王還不斷受邀上談話性節目大談眼鏡蛇。

專案小組仍釋出不實訊息給媒體做不實報導

最可惡的是，這份報告早在 95 年 8 月 31 日起訴李泰安前 2 個多月就到達檢察官手上，專案小組竟還繼續釋放出類似的消息予媒體：「媒體報導陳氏紅琛遺驗體委外複驗檢出微量動物蛋白，比對陳女致死症狀疑為蛇毒」、「檢方委外驗陳氏體內毒物陳氏紅琛究竟是被什麼藥物毒死的？南迴怪客案怕法醫中心洩密」以上這些都可以由讀者自行上網搜尋相關報導就知導。當時就讓我很擔心看新聞的人受到誤導，當然包括職司審判的法官，都可能會被誤導或影響。

　　果然後來在二審審理本案過程中，某一位審判長不知是否來不及事前閱卷，在偵查卷宗早就有上開疾病管制局的回函明確記載死者陳女體內非但沒有「鎖鏈蛇毒」，連任何出血性、神經性的蛇毒都沒有。竟然在開庭過程隨口問被告李泰安：「李雙全的蛇毒哪裡來？」唉，媒體錯誤報導的影響，實在太大了。

陳氏紅琛死因
檢體委外複驗尚未出爐

檢察官的推論不符刑事訴訟法的證據法則

依 93 年度台上字第 6750 號判決要旨指出：

「新修正刑事訴訟法第一百五十四條證據裁判主義之規定，乃揭櫫國際公認之刑事訴訟無罪推定原則，為修正刑事訴訟法保障被告人權之重要指標，法院自應嚴守此一原則，在檢察官所舉證據及法院依法定職權調查所得之證據，足以證明被告有罪之前，自應推定其無罪。若所得證據其為訴訟上之證明，尚未達於通常一般人均不致有所懷疑，而得確信其為真實之程度者，自不能為有罪之認定，此為上開無罪推定原則之當然闡釋，自不能因犯罪之調查難易不同而有異，其理甚明。」

三、陳女體內除了沒有蛇毒外，還有沒有其他「毒物」？

　　本案在 96 年 11 月間高雄高分院判決李泰安有期徒刑 18 年，准予 20 萬元交保。李泰安不服提起上訴，最高法院撤銷原判決，發回高雄高分院重新審理，蒞庭檢察官情急之下，說出：「陳氏沒有驗出毒物包括蛇毒在內，這點他不爭執，但根據陳氏身體出現的症狀研判，『應該是』遭人注射毒物致死，沒驗出不代表沒有」，並認為不需要

再做鑑定」。

　　這就奇了，檢察官負有舉證責任，在欠缺強有力的科學證據支持下，豈能以「應該是」的推論方法，取代舉證責任？

自由時報
98 年 3 月 25 日報導

第 *3* 章
陳氏紅琛死因

法醫解剖陳女大體後鑑定死因為多重創傷性傷害
致死；陳女屍體有微量乙醇經台大醫學院鑑定為死
亡產生，所以陳女生前不可能因服用意妥明加酒精
致死。

在本案因有多次發回更審，最後確定判決之事實審為高雄高分院102年矚上重更（三）字第 1 號刑事判決，其中就陳女死因，在事實欄認定是這樣記載：

……翌日（即同年月 18 日）凌晨 0 時 40 分許有政府機關官員因關心本次火車事故而前往加護病房慰問陳氏紅琛時，李雙全亦趁此機會進入加護病房，並於醫師與官員均離去後，仍逗留在加護病房內，而趁護士均在照顧其他病患或在護理站內休息，無人注意陳氏紅琛之際，取出已先備妥之注射針筒，自陳氏紅琛點滴輸送液管線的給藥口注入含酒精之液體，而陳氏紅琛因上揭攝入過量「意妥明」藥物已有中毒之情形，復因此又攝入過量酒精之加成作用，導致藥物與酒精中毒致中毒性休克。

於同年月 18 日凌晨 0 時 50 分許即突然出現心跳降低之情形，並於同日凌晨 0 時 52 分許心跳停止，雖經護士發現後立即告知醫師而施以急救措施，陳氏紅琛仍於同日凌晨 2 時 45 分許宣告不治死亡。

一、所以，最後判決已認定陳女死亡並不是因為被注射不明蛇毒或不詳毒液，但是換湯不換藥，為了判決李泰安有罪，將毒液改為含酒精的液體：

（一）陳氏紅琛並非死於「蛇毒」或「毒物」

這個案件原來地方法院一審判決採用台大、成大、三總、榮總等四家醫學中心的「回函」內容稱「無法排除有毒、藥物中毒致死之可能」、「無法排除非外傷因素所引起呼吸衰竭死亡」（筆者注：這四家醫學中心回函是檢察官函文要求先不考慮外傷，也就是先把外傷的可能去掉，剩下可能的原因做為回函內容，已經完全失真，詳後述），

做為陳氏紅琛是死於「不詳毒液」中毒死亡之「證據」。但對於陳女體內到底是何種毒液？則無法確定。

（二）95 年 7 月底檢察官起訴記者會上說陳女體內含蛇毒，事實證明是子虛烏有之事。

在台灣有六種最常見的毒蛇，依蛇毒特性可分為三類：

1. 出血性毒：百步蛇、赤尾鮐（赤尾青竹絲）、龜殼花。

2. 神經性毒：眼鏡蛇、雨傘節。

3. 出血及神經性毒：鎖鍊蛇。

每種蛇毒中毒後之表徵各有不同，然而如果從卷宗編號 F 卷（第 165 ～ 173）所附【疾病管制局 95 年 6 月 28 日衛署疾管苗字第 0950010309 號】結論，知道陳女檢體中並無「出血性與神經性蛇毒」一節可知，早在檢察官召開起訴記者會之前一個月，就已收到官方鑑定文件認為陳女體內根本沒有任何蛇毒，竟然還執意自行推論「我們不知道是哪種蛇毒，但就是蛇毒」（見 95 年 7 月 29 日起訴時檢察官召開記者會時由主任檢察官向全國媒體解釋內容）一語帶過。

所以，這案件到底檢察官認為陳女體內之蛇毒是哪一種蛇毒？陳女死後遺體上有哪些表徵是與檢察官認定之蛇毒相符，檢察官都沒有說明，將官方鑑定文件置之一旁，自己空口說「我們不知道是哪種蛇毒，但就是蛇毒」，檢察官竟然可以比醫學專業鑑定機構還要更神通廣大，執意自己主觀認定超越科學鑑定，令人感嘆！

（三）地方法院判決書的事實欄認定陳女體內有出血性「不詳毒液」
（判決第 9 頁倒數第 3 行）。

　　判決書沒有具體表明是何種毒液？其表徵於陳女體內之症狀何者屬毒物之反應？何者屬藥物反應…，都沒有交待。判決理由也沒有就此事實，詳述認定之理由依據，這在司法實務上叫「判決理由不備」及「事實與理由矛盾」之違背法令。尤其台大等四家醫學中心之回函亦沒有「具體」指出陳女體內確有毒物，更「未明確」指出，如果有毒物，是何種毒物？遑論如果有此毒物，與陳女死亡之間有何因果關係？

（四）醫學上所謂「無法排除」，其實是「不能確定」之意。

　　這是任何受過基礎醫學訓練的醫界人員均知之甚明。高等法院法官也曾經發文委請國內法醫權威方中民教授鑑定此點，在他的鑑定報告第 3 頁第 3 段認：

　　「醫學上『不排除』亦可能解釋為『不能確定』，例如不排除有毒或藥物中毒之可能；可以解釋為可能有毒或藥物中毒之可能。但是不能確定這種可能是否真的存在，故尚需其他的佐證以為確認之基礎。」

（五）原一審判決雖基於上開理由不敢苟同檢察官的推論，但為了判決李泰安有罪，竟自行創出一個卷內沒有任何證據支持的「被注射出血性不明毒液」的結論？

　　判決理由是敘述陳氏紅琛在醫院之症狀、醫護人員之證詞、四家醫學中心的回函及法醫之鑑定報告而推論出上開結論，但細究所引的理由，無一單位或人員表明確定陳女體內含有「出血性不明毒液」，判決之理由也沒有指出這毒液造成之反應為何？此項反應與死亡之間具有因果關係？

我們來看看法官採認的證據內容：

1. 三總 95 年 5 月 15 日回函（F 卷 149 頁）認：「抗凝血劑 warfarin
   或 heparin 較有可能且便宜，如屍體解剖發現身體其他部位亦有出
   血，則可能性更高。但此藥物治療劑量下造成肺部大量出血未有報
   告，且在高劑量下造成人體之變化並不清楚，僅能猜測。故致死因
   應由病理及體液之分析決定。」

   亦即，此一醫學中心並未認定陳女體內有出血性毒液，反而是認定
   「在高劑量下造成人體之變化並不清楚，僅能猜測，致死因應由病
   理及體液之分析決定。」既然陳女之病理解剖報告已由法醫認定是
   「多重創傷性外傷致死」，則依此函文應是得出陳女不是出血性毒
   液致死為是，判決怎反而做為此項相反之認定？

2. 台北榮總 95 年 5 月 16 日回函（F 卷 151 頁）：「僅依據病史及
   病歷紀錄，不易判定是外傷，生物毒素或重金屬中毒，引起死亡。
   既是生物毒素，或重金屬中毒引起之死亡，可能與中毒劑量之多寡
   及進入人體（注射、吃入、吸入）之時間，而影響發病時間之快
   慢及嚴重度。此須配合血液化驗及臨床解剖加以判定。故目前難以
   斷定約三小時左右發生的毒藥物。」

   依此醫院之認定是「僅依據病史及病歷紀錄，不易判定是外傷，生
   物毒素或重金屬中毒，引起死亡。此須配合血液化驗及臨床解剖加
   以判定。」此醫院亦與三總同樣認為應配合臨床解剖加以判定，何
   以判決未見此項結論，自行推論此醫院之回函是用以認定陳女體內
   有出血性毒液之依據？

3. 台灣大學附設醫院 95 年 5 月 15 日回函（F 卷 153 頁）：「藥物經由注射三小時，可否產生如此嚴重的肺臟出血，牽涉到藥毒物的量與給予途徑。此部份宜配合鑑識調查來做最後決定。」

　　台大醫院仍然是認為「此部份宜配合鑑識調查來做最後決定。」鑑識調查為何？當然是指臨床解剖之病理分析。

4. 成功大學附設醫院 95 年 5 月 17 日回函（F 卷 156 頁）：

　　「可能產生上述反應的藥毒物種類請進一步咨詢台北，台中高雄毒藥物咨詢中心，同時參考解剖時所執行之毒藥物檢驗結果等資料。」

5. 上述四家醫學中心均建議利用血液及毒物檢驗來判定死因，並參考解剖報告，這結論明顯和檢方預設立場的死因版本不同。也就是這四家醫院之回函，根本不能支持原一、二審判決認定陳女體內有出血性不明毒液之理由，反而可以支持陳女是死於外傷致死之原因。

6. 國立台灣大學醫學院雖於 95 年 7 月 18 日回函（F 卷 187 頁三、根據毒物檢驗之判讀）「依民國 95 年 3 月 31 日法務部法醫研究所之毒物檢驗報告，除體內已驗出之 clothiapine 外，無法排除其他化學品（含藥、毒物）中毒之可能性。」

　　此所謂「無法排除其他化學品（含藥、毒物）中毒之可能性」其實就是一、二審判決引為認定陳女體內有「出血性不明毒液」之依據，但此「無法排除」除了上述其實就是「無法確定」外；此回函之所以如此認定，完全是配合檢方之預設立場所為之答覆，自非可採。但卷內其實存有一重要之陳女毒物檢驗報告，檢察官卻不提出一併送請台大醫院併予審酌，以此方式使得台大醫院之回函未能一窺全貌的鑑

定，故 F 卷 187 頁台大醫院此函結論已失其真實及完整性，再析述如下：

(1) 這份重要之毒物檢驗報告附於 H 卷 195 頁：乃是檢察官針對 95 年 3 月 23 日法務部法醫研究所法醫解剖陳女時取出之「胸腔液」送請台北榮總毒物中心為砷、汞及其他微量元素之檢驗，該檢驗結果早在 95 年 5 月 19 日即以北總內字第 0950009475 號函回函排除陳女胸腔液中有「砷、汞及其他微量元素之中毒」情形，但檢察官在一個多月後之 6 月 28 日竟不將此函一併送請台大醫院做為再次鑑定審酌之資料。試問，何以如此？

(2) H 卷 195 頁台北榮總此份回函如果配合法醫研究所之毒物檢驗亦無毒物反應以觀，互相佐證結果足以認定，陳女體內完全沒有任何不明毒液反應。

(3) 尤其台大醫院 95 年 7 月 18 日回函之函文，是根據附在 H 卷 262 頁之 95 年 6 月 28 日雄檢博陽 95 偵 14305 字第 48638 號函來研判，可是在 H 卷 263 頁第三行所附之文件根本沒有 H 卷 195 頁之台北榮總 95 年 5 月 19 日即以北總內字第 0950009475 號函。其送鑑之檢驗報告缺少重要之排除「砷、汞及其他微量元素中毒」之可能，足證鑑定結論已失真實完整性，並無可採。

(4) 所以最高法院第一次發回意旨第 9 頁第 14 行即指摘認：「然此部分若參酌上開台北榮總 95 年 5 月 19 日北總內字第 0950009475 號函陳氏紅琛之胸腔液檢驗結果，是否仍會為「除體內已驗出之 clothiapine 外，無法排除其他化學品（含藥、毒物）中毒之可能性。」相同之鑑定？

(5)　尤其由 F 卷 149 頁第 4 行所示，檢察官詢問之問題為「患者插管後，氣管內管出血之原因，若不是外傷造成，可能是哪些原因引起？」檢察官詢問之問題，已自行將「外傷」之原因排除，這四家醫院回函，當然不會就外傷原因為回答，足證檢察官之函文，已預設立場。

7. 從四家醫院的回函（請見本書第 66 頁五、（一）），反而可以做為認定「陳女體內並無毒物」之依據：

(1)　與卷內下列證據矛盾：

① P 卷 118 頁：法醫研究所 95 醫鑑字第 602 號解剖鑑定，毒物化學檢驗結果，「均未發現鴉片類、安非他命類及其他常見毒藥物成分」。

② K 卷 167 頁：95 年 6 月 5 日疾病管制局回函結論：「未發現檢體中含神經性及出血性蛇毒」。

③ H 卷 195 頁：95 年 5 月 19 日台北榮總北總內字第 0950009475 號函就陳女胸腔液之檢測，並無砷汞及其他毒物中毒之情形，此亦據檢察官在 H 卷 267 頁再次去函台大醫學院法醫科之函文第四段中自承稱：「（註：本署另送台北榮總毒物中心檢測，排除砷、汞之中毒）」。

(2)　四家醫院回函反而可以援為認定陳女體內並無毒物之依據：

① 在一審判決第 73 頁第 16 行以下，援引台大、成大醫院之回函認：「大量的肺臟出血應考慮包括輸血反應、血管炎、自體免疫疾病、嚴重感染、出血性藥毒物和不明原因」「急性

肺水腫或肺出血可以是毒物反應、大量輸液或是輸血或藥物
所致的急性過敏反應等原因引起」

②而陳女體內因為輸血時，加入「抗凝血劑藥物」，造成不會
止血，也有證人即枋寮醫院之紀姓檢驗員明白且確定之證述
（F 卷 64 頁第 13 行），足以佐證上開兩家醫院回函認陳女
體內可以是「出血性藥物」之依據（詳如後述）。

③95 年 3 月 18 日 0 時 50 分起在 IUC 急救時，醫院亦給予大
量輸液及輸血，此亦為陳女在 3 月 18 日 2 時 45 分死亡時肺
部有大量出血之原因：蓋原審判決第 68 頁倒數第 1 行起亦
援引證人林○業之證詞認：「我們給她很多強心針、輸血、
輸液」、第 69 頁倒數第 5 行證人黃○欣稱「急救過程中持
續對她做心臟按摩，共輸了 4 袋血，打 5 瓶代用血漿等語（見
偵卷 F58 ～ 60 頁、一審卷 1111-1113 頁」亦可得佐證。

（六）以上各點說明，一方面可以解釋檢察官當初預設立場之荒謬，
又可以做為彈劾法院判決在採證上之粗糙，值得往後刑事審判
之借鏡。

二、李雙全並無在加護病房為陳氏紅琛注射含酒精液體之機會，最後事實審確定判決之認定，完全缺乏證據，又與經驗法則不符：

（一）檢察官猜測及判決認定全屬缺乏證據之推論

依檢察官之「猜測」，李雙全是利用內政部長蘇嘉全來加護病房探
視陳女離開後，即 3 月 18 日 0 時 40 分到 0 時 50 分之關鍵 10 分鐘，

在加護病房內為陳女注射不明蛇毒致死。而最後事實審法院判決也附合檢察官為此點認定，只不過把陳女體內為「不明毒物」，改為「含酒精的液體」而已。

　　然而：李雙全是如何注射的？以何器具注射的？遍查卷內各項卷證，無一「物證」或「人證」直接證明陳女有機會在上開關鍵 10 分鐘被注射不明毒液或含酒精的液體。簡單來說，檢察官猜測及判決認定李雙全利用陳女原來身上的點滴留置孔，施打在點滴注射孔內，經由點滴留置管注射，但這還是推論，仍無任何積極證據足以證明。

（二）最主要的是，李雙全根本沒有機會替陳女注射任何液體，因為李雙全人在加護病房的時間內，都是有官員或醫生在場之時：

1. 依當時醫院院長蘇○輝在 95.7.6 偵訊（F 卷 18 頁以下）之證詞：

> 「一般我們在急診室會跟家屬解釋病情，但是當天太忙了，我沒有解釋，我不知道其他醫師有沒有解釋，直到陳女送到加護病房，我有陪政府官員蘇嘉全還有鐵路局的人進去探視陳女，李雙全都有跟著進來收慰問金，我送蘇嘉全下樓李雙全有沒有跟著離開我不知道，我在樓下接到通知陳女要急救時，我上去插完管發現情況不好，有到加護病房外跟李雙全解釋，他跟我說盡量，急救無效我再跟他解釋時，李雙全有哭，後來有小姐找他辦一些手續，他就不見了，後來又出現了，我兩次跟李雙全解釋病情時，他旁邊都有一個穿藍色制服的警察在旁邊。」此為蘇○輝交互詰問時所確認。

2. 故由此可見：

既然稱「李雙全都有跟著進來收慰問金」，表示官員進來之前，李

雙全是加護病房外，而且官員離開時，李雙全顯然也是跟者一齊離開，才有所謂「跟著進來」之語。由於醫院加護病房是有管制，一離開不可能再度進入；且依蘇○輝於 96 年 2 月 2 日原一審交互詰問時稱該院之加護病房要進入必須輸入密碼，家屬不可能偷偷進入加護病房可佐，故蘇○輝在送完官員後返回加護病房為陳女插管，才會到加護病房外跟李雙全解釋。

如此情形，足證加護病房護士黃○欣證稱李雙全在官員離開後仍在加護病房逗留，應非指最後一次 95 年 3 月 18 日 0:40 分蘇嘉全部長探視該次，而是更早之前，其他鐵路局官員來時，其因為是主要照顧陳女之護士，對檢察官懷疑陳女被注射不明毒液，內心潛意識為表明自己之無辜，當然會有意、無意附合檢察官調查證據之方向，附合稱李雙全在官員離開後仍在加護病房內逗留之不實指證。況且，依我們正常人的理解及通常社會經驗法則，在加護病房中，家屬對病患之關心逗留，於探視時間到後，護士就下達逐客令，豈有反而令李雙全在加護病房內獨自與病患相處的可能？

3. 所以，李雙全根本沒有機會在眾目睽睽之下為陳女注射液體：

依蘇○輝醫師所見，李雙全進入加護病房是收取慰問金，表示李雙全進去加護病房前，現場已有官員或鐵路局的人員要致贈慰問金才會進入，李雙全進入時除了醫師護士外，還有許多官員在場，李雙全根本沒有機會在眾目睽睽之下為陳女注射液體。而蘇醫師也表示他看到李雙全時旁邊也都有警察，李雙全不可能強闖進入加護病房，而其向李雙全解釋之地點是在「加護病房外」，顯見李雙全是官員離去時一起離開在加護病房外等候。而且，如依地方法院判決認定李雙全在加護病房內為陳女注射毒液或最後確定判決認定是為

陳女注射含酒精的液體，在此注射之前，必須有準備取藥、抽藥、注射的動作，姑且不論在加護病房外有警察在旁，或加護病房內有護士在場，這些舉動均極為唐突且明顯，不可能任令李雙全有此動作而不加以質問！

4. 特別是本案之患者陳氏紅琛，在當日凌晨已經有多名政府高官及鐵路局官員前來探視，其重視的程度較一般病患為多，官員又剛離開加護病房，豈有會如判決認定之「護士均在照顧其他病患或在護理站內休息」任意由李雙全在加護病房與病患獨處？

（三）若由加護病房內之護士證言勾稽比對，更可證明李雙全沒有在加護病房內為陳女注射任何液體的機會：

1. 林○錦（F 卷 74 頁第四格）：……陳女在加護病房（指 ICU）這段期間，因為我們加護病房不讓家屬在裡面，所以我們有請他出去。

2. 廖○婷（F 卷 74 頁）：我在加護病房的護理站有跟李雙全有跟他講病危通知的規定，講完後將病危通知給他，……病危通知單是我交給李雙全簽名的。

3. 黃○欣（F 卷 74 頁最後一格）：我記得李雙全在加護病房裡面留在陳女身旁很久，他有問我說可不可以留在陳女身邊，他說他很擔心，我跟他說我們加護病房家屬不能留在裡面，最後他有出去，他出去的時間我已經不記得了，之後因為政府官員來他又跟進來，後來他有沒有出去我沒有印象，之後要對陳女急救時我們有請他出去，當時他就很擔心的樣子走出去。

4. 林〇錦（F 卷 75 頁最後一格）：問：陳女講不要的時候，李雙全他位置在哪裡？答：當時我是在陳氏紅琛的右邊，李雙全也是在右邊，當時是我請李雙全離開加護病房，他從陳女的左邊走到右邊，然後陳女就突然喊不要，接著就講一些亂七八糟的話，看起來好像意識不清楚的樣子。

5. F 卷第 76 頁：

問：您們有誰注意陳氏紅琛身上的點滴，或著是去調整點滴的速度？

均答：沒有。

問：有沒有人發現陳女身上的點滴有異狀？

答：沒有。

6. 從這些加護病房的護理師供述內容可證：

(1)　判決推論李雙全在為陳女注射毒液或液體的時間是於蘇部長離開後之 00：40 分至 00：50 之關鍵 10 分鐘，但這時醫院早在 40 分鐘前之 0 時 05 分就已經發「病危通知」了，此由陳女之住院病歷第二頁左下角顯示病危通知的時間可佐。

所以如果李雙全是想謀害陳女，這時應該內心竊喜才是，李雙全何必多此一舉還在此期間闖入加護病房中為其注射不明蛇毒？

(2)　再由上述四位加護病房護理師所證內容知，李雙全進入加護病房沒有一次是在蘇嘉全巡視之後進來，判決推論 00:40 至 00:50 之關鍵 10 分鐘陳女被注射不明毒液或含酒精之液體，根本是沒有任何證據支持，而是自己隨便認定的猜測。

（四）一審判決及最後確定之事實審判決，顯然都沒有好好詳閱「護理記錄」並比對護理師供述內容，才產生與護理記錄矛盾之認定：

1. 依加護病房的護理紀錄記載，在 3 月 18 日所謂 00:40 分至 00:50 之關鍵 10 分鐘，其實中間是有醫生、護士及官員在場的。

　　因為 24:40 記載著「Dr 蘇來視」，下了一個醫囑是「keto 1.5cc」，這段時間也就是判決認定官員來的時間，李雙全也隨之進入加護病房的時間。顯見，在此之前，李雙全人是在加護病房之外。

　　而當李雙全於 24:40 再度進入時，是與官員一齊進入，試想，官員來時，李雙全如何在眾目睽睽之下為陳女注射任何液體？尤其官員進入加護病房探視，隨從眾多，也不可能立即離開，必定在場詢問醫師、護士有關患者之情形如何？並對家屬慰問數句，此乃人情之常。蘇醫師應也是在此情形下，下達醫囑是「keto 1.5cc」，而由黃○欣執行的。尤其官員詢問上情後，也不可能就立即有離開之動作，會再看看病患，如此早已經過數分鐘，再加上官員致送紅包給李雙全之動作，然後離開。其時間可能都已到達快 5 分鐘。

2. 而在 5 分鐘後之 24:45 護士黃○欣又再次依照蘇醫師囑附加打 1C.C 的「Deca」預防腦水腫。

　　此亦據蘇○輝交互詰問時證述明確。所以，這期間先有醫生，隨之有護士在為陳女打針，而黃○欣於原一審交互詰問時亦稱記得這兩次是醫生分兩次下醫囑，才去執行的。表示這所謂的 00:40 至 00:50 這 10 分鐘，其實都有醫生、護士、官員在場。而黃○欣既然在執行這兩次醫囑，又未證稱其有要求李雙全離開，顯見李雙全要

嘛就是與官員一同在場接受慰問，不然就是與官員離開加護病房並未在現場。

3. 00:40、00:45 及 00:50 這三個時間點，均經蘇醫師下達醫囑，表示這三個時點醫生、護士均在場。

李雙全既在黃○欣執行此兩次醫囑之注射時無法為陳女注射任何液體，接下來馬上在 24:50 即由護士發現病人心跳掉下來每分鐘 43 次，血壓也掉下來，那麼經護士馬上告知蘇醫師，蘇醫師馬上給強心劑「Bosmin 2 A」。更是證明蘇醫師於 24:50 當下，人縱使陪同官員離開沒有在 ICU 之內，也是給黃○欣下醫囑要給強心劑「Bosmin 2 A」由黃○欣執行。如此之護理記錄，顯現出 00:40、00:45 及 00:50 這三個時間點，均經蘇醫師下達醫囑，表示這三個時點醫生、護士均在場（其中尚有官員、李雙全在場），試想，李雙全又有何機會在這段時間為陳女注射任何液體？尤其如果認定陳女之反應是被注射含酒精液體所產生，則 00:50 此時已發生作用了，何需再多此一舉，又利用發生作用前數分鐘來注射毒液？凡此，都很容易判斷判決書所謂之 00:40 被注射毒液，既乏證據證明，也與護理記錄之事實不符。

三、在整個審判過程，不難發現法官不願接受「陳女也有可能是意外死亡」之選項

法官可說預設立場先行排除意外死亡之可能，完全附合檢察官認定陳女是他殺，先射靶再畫圓，所以，才會讓我們這麼容易挑出判決不合理及採證矛盾的地方。在更二審以前的各次法院判決都認定陳女體內被注射毒液，先是檢察官的「蛇毒」到法院的「不明出血性毒液」，

然後這些毒液的認定都與醫學常規矛盾，最後雖然被推翻，可是法官還是附合檢察官認定陳女是他殺，所以才又寫出相同劇本，但是把不明出血性毒液，改成「含酒精的液體」，用這種不合理的推論判決李泰安共同殺人。我在為李泰安辯護的前七年間，都一直強調如果陳女體內有蛇毒或其他毒物，應可驗出，最後法院採納我的意見，我在此解說一下：

（一）陳氏紅琛如果被依靜脈留置管之途徑注射毒液，則體內必定留下毒跡

依前述陳女在進入加護病房時，連同在急診室時所做之點滴注射孔，一共有左手臂、左小腿、右鼠蹊部三處（見 P 卷 93 頁）。而不論是那個點滴預留孔，其進入人體都有一定之順序，而此三個位置均屬「身體軀幹」位置，如液體經此此處進入，是經由「靜脈」進入，依圖 3-1 血液循環圖可知。

從身體軀幹、腹部、下肢等部位之組織微血管進入下大靜脈，再進入右心房、依序為右心室、然後進入肺動脈，再經由左、右肺微血管為帶氧之血液交換，才又回到左心房、左心室，將血液送往其他身體之器官。所以，任何液體經由此等血液輸送路徑進入人體，其經過之器官除有心臟外，還有腦、小腸、肝臟、腎臟等等大、小器官。所以，如果是「毒液」經由此路徑進入人體，不可能單單在「肺臟」留下反應，其他器官、包括血管都會立即留下反應。此也可由下列證據再次得到確認。

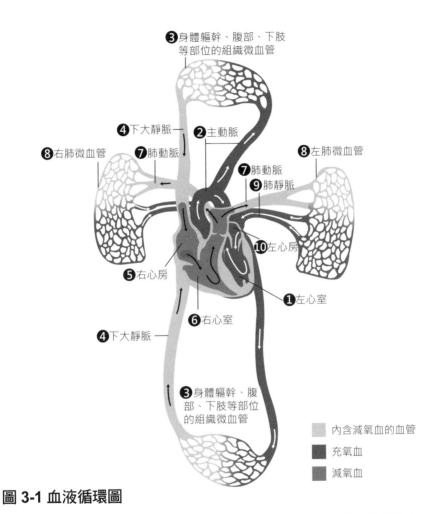

❸ 身體軀幹、腹部、下肢
　等部位的組織微血管

❹ 下大靜脈

❷ 主動脈

❽ 右肺微血管

❼ 肺動脈

❼ 肺動脈

❾ 肺靜脈

❽ 左肺微血管

❿ 左心房

❺ 右心房

❶ 左心室

❻ 右心室

❹ 下大靜脈

❸ 身體軀幹、腹
　部、下肢等部位
　的組織微血管

內含減氧血的血管

充氧血

減氧血

圖 3-1 血液循環圖

血液由心臟左、右心室搏出，流至身體各處的微血管網，執行物質和氣體交換任務後，再分別注入左、右心房，返回心臟。

血液循環時血流路徑如下：由❶左心室→❷主動脈→❸身體軀幹、腹部、下肢等部位的組織微血管→❹上、下大靜脈→❺右心房→❻右心室→❼肺動脈→❽左、右肺微血管→❾肺靜脈→❿左心房→❶左心室。

（二）蛇毒注射入人體產生之現象

依 F 卷 199 到 200 頁台中榮總洪○榮醫師之回函認：「蛇毒直接靜脈注射進入人體，應該是立即產生反應，在肺部：肺部血管栓塞、造成咳血、肺部出血、氣促、缺氧；在心臟：造成心臟收縮功能變差，產生血壓降低、休克、肺水腫等症狀；在腎臟造成急性腎衰竭、腎小管急性壞死等，在血液系統，造成廣泛性血管栓塞、產生缺血性壞死、血小板計數下降，凝血酶原時間延長、皮下瘀血、尿血或牙齦出血等。」

但從陳氏紅琛解剖之屍體外觀觀察並無此現象：

1. 在左手之靜脈孔附近並沒有「廣泛性血管栓塞、產生缺血性壞死、皮下瘀血」現象：

由解剖報告可以看出在陳女之左手臂有預留靜脈注射孔，而中央靜脈（鼠蹊部）乃是在加護病房急救後才由醫師林○業注射。如果依一、二審判決認定及檢察官之猜測，陳女被注射毒液係經由預留之靜脈注射孔，則在上開針孔附近，應留下壞血性血腫或血液滲出類似漏針之皮下瘀血現象才是。但是根據法醫尹○玲於 96 年 3 月 14 日到庭接受交互詰問時，明白表示陳女外表針孔位置，並沒有壞血性血腫或血液滲出類似漏針之現象，並當場再次檢視解剖前之陳女外表照片，確認並無類似漏針瘀血紅腫之現象。依洪○榮醫師上開回函內容知蛇毒經由靜脈注射進入人體時，馬上會造成紅腫、並因蛇毒作用形成類似漏針瘀血紅腫之現象，但陳女遺體經過有近廿年法醫經驗之尹法醫解剖並檢視，並無此現象，檢察官和法官怎麼還會猜測其經人注射蛇毒經由靜脈進入陳女體內？

2. 陳女之腎功能和血小板數量都正常，不符合蛇毒反應。

依洪〇榮之上開回函認蛇毒之現象會有急性腎衰竭及血小板減少等典型症狀，但陳氏紅琛在醫院之病歷顯示腎功能和血小板數量都正常，顯然不符蛇毒反應之現象。

3. 而且，依上開血液循環系統知，蛇毒或毒液進入血管，經由小血管到微血管均會產生作用，而靜脈進入人體血管後是進入「右心房」「右心室」，才到肺動脈，依序為左、右肺微血管、再經由肺靜脈，返回左心房、左心室，故如果依檢察官之猜測及法官判決之認定，陳女之肺臟因為蛇毒作用而大量出血，那麼在進入肺臟前、後之器官，包括左、右心房與心室、血管、肝臟、腦、腎臟等亦會因為蛇毒作用而留下「毒跡」及中毒之反應症狀，何以解剖結果，根本沒有任何毒物反應之症狀，獨獨肺臟有出血？

4. 關於這些疑問，不但一、二審判決根本不交待，檢察官還自己推論認為可能是因為陳女在急救時曾經大量輸血達 3000C.C，毒液被大量輸血沖淡、交換而未能驗出等語云云。但大家想想，如果此項推論可以成立，則判決認定陳女在搭車前（3 月 18 日 00 時 50 分開始急救前之 5 小時左右即 3 月 17 日 20 時左右）即服用「意妥明」藥物，此藥物既能驗出，何以後來注射之不明毒液無法驗出？

5. 這些矛盾，亦經最高法院第一次發回意旨指摘明確，其於第 10 頁第 17 行以下稱：

「…究竟「毒液」在進入肺臟前、後之器官，包括左、右心房與心室、血管、肝臟、腦、腎臟等，是否都會因為毒液作用而留下「毒跡」及有中毒之反應症狀？如是，何以解剖結果，沒有任何毒物反應之症狀？…」

6. 而其中最高法院 102 年台上字第 4971 號判決又於第 5 頁倒數第 2 行以下指摘稱：

……惟原判決就陳女之死亡已排除係「蛇毒」、「抗凝血劑」之原因（見原判決第八九至九十頁），且依卷內資料，似無任何陳女體液驗出「毒物」反應之證據，原審檢察官且坦認「我誠實跟審判長報告，我們沒有驗出任何毒物」（見原審更一卷（二）第五一頁），倘若無訛，除上開陳女「三月十八日凌晨零時五十分許起至零時五十二分許」病情急轉直下，並發生「肺部大出血、且出現溶血現象」之病癥外，似無因「毒液」進入陳女體內，且係「以注射針筒，自陳女點滴輸送液管線的給藥口注入毒液」方式造成死亡結果之明確證據，至陳女是否因「不明毒液」造成死亡，原審雖曾就上訴人迭為爭執之「有無任何毒、藥物可以在進入人體十分鐘之內造成急性肺水腫、心臟挫傷、肝臟挫傷、肺水腫、肺泡出血、腹腔大量出血，但腎功能正常、腎小板沒有異常而致死，而該毒、藥物又無法經由科學方法檢驗出來？」事項囑託法醫研究所再為鑑定（見原審更一卷（三）第八頁），法醫研究所為上揭鑑定覆函時，並未就上開函問事項為說明（見原審更一卷（三）第六九至八九頁），亦未就其所鑑定「攝入過量 Clothiapine 及酒精，最後因 Clothiapine 與酒精中毒死亡」之原因是否符合「進入人體十分鐘內造成急性肺水腫、心臟挫傷、肝臟挫傷、肺水腫、肺泡出血、腹腔大量出血，但腎功能正常、腎小板沒有異常而致死」之病癥為說明，原審未再促請法醫研究所或其他專業單位再為說明或鑑定，即排除法醫研究所之上開死因意見，而為上揭李雙全「自點滴輸送液管線給藥口注入不明毒液」致死之認定，自嫌速斷。上訴人迭爭

執及主張：「依人體血液循環系統可知，蛇毒或不詳毒液進入血管，經由小血管到微血管均會產生作用，而靜脈進入人體血管後是進入『右心房』『右心室』，才到肺動脈，依序為左、右肺微血管、再經由肺靜脈，返回左心房、左心室，故如果依檢察官之猜測及原判決之認定，陳氏紅琛之肺臟因為蛇毒或不詳毒液作用而大量出血，則在進入肺臟前、後之器官，包括左、右心房與心室、血管、肝臟、腦、腎臟等亦會因為蛇毒作用而留下『毒跡』及中毒之反應症狀，何以解剖結果，沒有任何毒物反應之症狀，僅肺臟有出血？雖檢察官主張可能因為陳氏紅琛在急救時曾經大量輸血達 3000cc，其毒液被此輸血沖淡、交換而未能驗出等語。但如果此項推論可以成立，為何原判決認定陳氏紅琛在搭車前（三月十八日零時五十分開始急救前之五小時左右，即三月十七日二十時左右）服用『意妥明』藥物，卻能驗出？何以後來注射之不明毒液無法驗出？況依台北榮總九十五年五月十九日北總內字第○○○○○○○○○○○號函就陳氏紅琛胸腔液之檢測，陳氏紅琛之『胸腔液』含：砷濃度為 6.2ug/l（ppb）、汞濃度為 61.4 ug/l（ppb）、鉛濃度為 8. ug /l（ppb）、鎘濃度為 143.7ug /l（ppb）、鋅濃度為 8439.9ug/l（ppb）、鉈濃度為 0.36ug/l（ppb），尚且可以驗出多種『微量元素』，如果陳氏紅琛體內有『毒液』，豈有驗不出之道理」等情。上訴人主張如可採，究竟「毒液」在進入肺臟前、後之器官，包括左、右心房與心室、血管、肝臟、腦、腎臟等，是否都會因為毒液作用而留下「毒跡」及有中毒之反應症狀？如是，何以解剖結果，沒有任何毒物反應之症狀？因與陳女死因之判斷有關，事關醫學專門知識，自應再加調查、審認。本院第一次發回意旨業已指摘及此，乃本次更審判決仍未予調查或於理由說明，其違誤之情形依然存在。

四、本案檢察官所推論之各階段，其證據鍊斷裂無從證明

檢察官起訴書之犯罪事實，就像在寫小說：

— 先推論李雙全因為投資股市失利，需要大筆資金之動機（已經被台東大華證券主管召開記者會推翻，還在提這點），竟於 94 年 5 月間為詐領保險金，所以邀集所謂好友黃○來一同計劃以破壞鐵軌造成翻車意外，再利用翻車後無人注意之際以預購之「蛇毒粉」注入陳女體內，造成意外死亡之假象，以遂行其詐領保險金目的。

— 嗣因黃○來良心不安未實行，所以邀集其兄即被告李泰安於 94 年 6 月 21 日再次於內獅路段破壞鐵軌繼續施行其計畫，仍未成功。

— 乃於 95 年 3 月 15 日利用與陳女返回越南之機會再次計畫實行，但因意妥明來不及寄達，遂改變計畫，順延到 95 年 3 月 17 日之機會遂行其目的。

這各個階段真的好像在寫小說，但如果檢察官所認定之事實為真，除了需要有證據證明之外，還不能中斷。如果有一階段之證據與其推論不符，就如同一列火車，其中一節車廂連接軸斷裂，無法連貫不能前後跳躍，法院應基於無罪推定，思考檢察官可能「假設」有誤，否則豈會證據前後無法連貫，並作無罪判決為是。

（一）**李雙全並無投資股市失利**：反倒經由台東大華證券經理證明李雙全還是在股市獲利，故檢察官所指之詐領保險金，其動機已不存在。

（二）**沒有所謂蛇毒或不明出血性毒物的問題**：陳氏紅琛體內除驗出不會致死的非管制藥意妥明外，並無敵性證人黃○來所稱之蛇毒；而黃○來所稱李雙全去六合夜市購買之所謂的蛇毒粉，經過蛋白變性，乃是美容聖品，根本不可能經由注射體內造成中毒死亡。黃○來所言，與事實不符。

（三）黃○來指證被告李泰安參與 94 年 6 月 21 日破壞內獅車站附近鐵軌一案，業經無罪判決確定，證明黃○來所述諸多不可採。

（四）陳氏紅琛死因，難以排除是意外死亡。

（五）以上各點，任何一點均可以**推翻檢察官的推論**，更二審判決受限於五、六年前輿論錯誤報導，先接受黃○來必不會說謊，設定必定是詐領保險金之犯罪行為，對於各機關鑑定結果與其立場迥異時，無法圓滿論述其可採與不可採之理由，致極容易即可挑出判決之矛盾，倘加入本件有可能真是意外死亡之結論，各項證據採用結果是否比目前判決認定詐領保險金製造假意外死亡之理由更為堅持有利？

（六）**尤其檢察官上開推論，令人覺得莫名**，如果李雙全真的想製造火車鐵軌出軌意外死亡，李雙全有何軌道力學方面的專業知識，讓自己與陳女同在火車車廂上，並在火車出軌後他自己不會受傷？翻車後，李雙全有何專業醫學背景可以正確掌握注入陳女體內之不明毒液可以造成意外死亡之假象而不被發現？李雙全如果要製造假意外，以南迴鐵路沿線數十個隧道，大部分是狹窄之單軌隧道，乘客只要一墜落必死無疑，何不假藉與陳女到車門旁閒聊，趁行至隧道內無人注意之際，忽然將陳女推出車外墜落死亡還更簡單、有效，更能顯出意外之假象？

（七）**最近 110 年 4 月 2 日台鐵 408 次太魯閣號撞上施工中掉落鐵軌邊坡的挖土機，造成台鐵意外史上最多的 48 名死亡不幸事件，**在這事件中證明一件事，當火車高速行駛往前翻車意外時，在車廂內的乘客，因為衝擊力道過大，後面車廂往前推擠、車廂內人員及座椅飛疊，不論是以任何安全措施防護，均無法避免造成嚴重的死傷，我不願喚起這件不幸意外的死傷內容，但如果李雙全為詐領保險金，利用與陳女同時乘坐在同一節車廂內，欲由李泰安破壞鐵軌造成翻車意外來詐領保險金，那麼很簡單的疑問，如果真的是李泰安事前破壞鐵軌讓這列 96 次莒光號列車出軌翻車，李雙全用什麼方法避免在翻車時，只有陳女受傷，自己不會受傷？凡此，都是檢察官及法官判決未能合理解釋之處。假如這個案件還沒確定，經過 4 月 2 日 408 次太魯閣列車翻車意外事件，相信法官也不會認為有人可以在翻車當下全身而退！

五、這個案件，檢察官欲事後創造證據的痕跡非常多

　　舉一個最明顯的例子，就是關於陳氏紅琛之死因，為何各鑑定機關都無法確切給出一個明確的鑑定？主要原因是因為檢察官在囑託鑑定時之公文，已經先要求「若不是外傷造成」這個可能，也就是只要求是否有其他可能，這時鑑定機關已不能就「意外」這點表示意見，鑑定結果如果是比較可能像意外、外傷造成，也要先排除。當然也就產生當時受囑託鑑定的各機關無法確切鑑定出死因的結論。檢察官要求鑑定機關預先排除「意外」的鑑定可能，可由下列函文看到：

（一）H 卷第 92 頁、第 93 頁：檢察官去函台大醫院、台北榮民總醫院、成大醫院、三軍總醫院、高雄醫學大學附設中和紀念醫院。

其問題在 H 卷第 93 頁說明第五：「依據病史及病歷紀錄，……（二）是否能排除其他非外傷因素如藥毒物中毒引起呼吸衰竭死亡？（三）　患者插管後，氣管內管出血之原因，若不是外傷造成，可能是哪些原因引起？……」

（二）所以各家醫院回函，都是按檢察官的要求，若不是外傷造成時所為之鑑定。此從三軍總醫院的回函即可看出，在 F 卷 148 頁倒數第 3 行，檢察官的問題：「2、是否能排除其他非外傷因素如藥毒物中毒引起呼吸衰竭死亡」、第 149 頁第 4 行檢察官詢問之問題為「患者插管後，氣管內管出血之原因，若不是外傷造成，可能是哪些原因引起？」其當然是就檢察官詢問之問題，已自行將「外傷」之原因排除，這幾家醫院回函，當然不會就外傷原因為回答，足證檢察官之函文，已預設立場。

（三）而其實其他幾家醫院的回函內容，也是按檢察官上述第（二）個問題回答「是否能排除其他非外傷因素如藥毒物中毒引起呼吸衰竭死亡」，其回答方式，在醫學專業領域中不能排除的另一個意義其實就是「不能確定」，檢察官拿一個不能確定的問題去問鑑定機關，難怪各家醫院各說各話。

六、法醫解剖後已經鑑定陳氏紅琛之死因為「多重創傷性傷害」

可惜法院不採有科學根據的解剖報告，反而以「推論」方式自行認定他殺。

（一）法院判決理由，其實是為了推翻鑑定報告所論述，但前後不能連貫、矛盾，欠缺一般經驗法則。如細究卷內其他證卷及解剖鑑定意見書內容，不難發現原判決是為了要推翻法醫解剖報告

改採台大等四家醫院回函內容之目的所為的論述，其實法院沒有詳閱鑑定報告內容，造成判決之理由與鑑定報告內容記載不符，且有前後矛盾之處，茲詳述如下：

1. 首先就解剖之法醫專業背景以觀（原一審卷 1281 頁），她具有 12 年病理專科醫師經驗，早在 83 年即前往美國法醫中心受訓，接著在 87 年到 89 年在屏東地檢署擔任法醫師、89 年到 93 年在高雄地檢署擔任主任法醫師，93 年到 95 年間在法醫研究所擔任法醫研究所，她解剖超過 1700 件屍體，相驗逾 2200 件。故尹法醫就本件陳氏紅琛之解剖鑑定，具有相當豐富之實務經驗，並歷經國內外專業機構訓練，其所為之解剖鑑定，具有一定之公信力。而其就本案如何解剖、解剖之經過、判斷，除已在 P 卷 110 頁到 119 頁為詳細書面記載外，更於屏東地方法院審理之 96 年 3 月 14 日到庭接受交互詰問，詳細說明她認定之依據、學理判斷，所以，她所解剖後制作的鑑定報告，不但具有證據能力，更是可以做為本件陳氏紅琛之死因為多重創傷性外傷致死而推翻較不精確之四家醫院回函意見。

2. 解剖報告並無判決所推翻之理由認「鑑定意見記載過於簡略」情形，這是判決自行推論下之矛盾：

查法醫之鑑定意見並未指出陳女胸前挫傷是屬於「併骨折之嚴重挫裂傷害」。其只是認為解剖時有看到胸前有 6×8 公分之挫傷，但並未進一步論述其挫傷因而造成「骨折」，所以法院並沒有看到陳女胸前骨折的情形，何以法院判決自行推論陳女有胸前骨折，並自行解釋法醫之鑑定意見認為「胸前挫傷」就是「併骨折之嚴重挫裂傷害」？

3. 另外，判決認陳女之胸前挫傷「可能」是實施心肺復甦術造成，且質疑解剖法醫「並未具體指明其臟器有如何之挫損，亦無法說明造成內臟出血的原因既非一定是挫傷」，這理由更是一個不具有病理專業背景、且沒有親自參與解剖的法官，去推翻具有專業背景且親自執行解剖法醫所看到的結果：

(1) 該解剖報告是經過尹法醫解剖陳女而取出內臟回到研究室，在顯微鏡下「病理觀察」（顯微鏡觀察）所得之結果。除了解剖時對陳女「外觀觀察」發現在陳女胸部產生 6×8 公分之皮下瘀血外，尚且記載左小腿有小擦傷。而解剖當時更且在腦部發現有「腦部有局部蜘蛛網膜下腔出血」（P 卷 115 頁），她回到研究室進行之顯微鏡觀察，則發現「肺部有挫傷出血現象」「心臟之左心室於左心室中隔部位有挫傷出血現象」「橫隔膜有挫傷出血」「肝臟有挫傷出血現象」（P 卷 116 頁）、「腎臟表面有局部挫傷出血」（P 卷 117 頁），解剖報告如此詳盡的記載，法官都不看嗎？怎麼還會說「並未具體指明其臟器有如何之挫損」？

(2) 而如果是法官認為「陳女胸部產生 6×8 公分之皮下瘀血有可能是實施心肺復甦術造成」，那麼如何解釋陳女連頭部也會有蜘蛛網膜腔下出血？不在 CPR 按壓位置的肝臟、腎臟，為何也會有「肝臟有挫傷出血現象」（P 卷 116 頁）、「腎臟表面有局部挫傷出血」的現象？

(3) 尤其在法醫解剖時還發現陳女受到撞擊力之重要證據，即「左小腿前部有小擦傷痕跡」（P 卷 115 頁），此項小擦傷亦即法醫學上用來佐證死者生前曾有鈍力傷之重要佐證，亦經高雄高

等法院送請國內法醫權威教授方中民教授鑑定認為「死者左小腿部有小擦傷，依路卡原理（Lorcard Principle），兩物接觸必會留痕跡，而推論死者曾有碰撞外物產生鈍力傷之一項佐證，推論符合醫學專業法則及經驗法則。」（二審卷三第159頁）

(4) 承上，如果單純做CPR，何以會按摩成上開多重內臟挫傷出血？並從心臟按摩到腦部造成有局部蜘蛛網膜下腔出血？而法醫鑑定意見書內已明明白白具體表明內臟共有「肺部有挫傷出血現象」「心臟之左心室於左心室中隔部位有挫傷出血現象」「橫隔膜有挫傷出血」「肝臟有挫傷出血現象」（P卷116頁）、「腎臟表面有局部挫傷出血」何以法官還稱未具體表明？

(5) 而且法醫在法院交互詰問時就此問題已提出其專業判斷，在屏東地方法院卷宗第1279頁背面第17行以下如此回答：「通常急救時不會造成那麼大的胸部挫傷，而且解剖時發現肺部有挫傷出，而且橫膈膜也有挫傷出血、肝臟也有挫傷出血，急救時不會造成這種結果，所以我研判是救醫前造成。」第1280頁倒數第2行稱：「如果是醫院急救不會導致她肺臟挫傷」。

(6) 至於尹法醫稱陳女內臟有挫傷出血，業已在法院交互詰問時稱此乃顯微鏡下觀察所得之結果，挫傷之定義就是出血，血管內之紅血球跑到血管外的組織（二審判決第82頁倒數第1行）就一般而言造成內臟出血的原因不一定是挫傷，但本案看起就是挫傷出血等語（原一審卷五第1279至1291頁），這是她的專業判斷；解剖之法醫已經對何以認為挫傷出血提出說明，法院判決似乎將出血認為一定是「大血管」出血才算出血，至於「微

血管破裂」之出血就不算出血，所以原判決才會在第 83 頁自行認為「無法說明造成內臟出血的原因既非一定是挫傷，惟何以陳氏紅琛臟器出血就是挫傷出血，及指明何處有血管破裂，亦未能提供除「出血」外之其他判斷「挫傷」有無之依據供法院參酌」。

（二）判決理由顯然有誤

所謂「法醫自承其實施鑑定時，有參考陳氏紅琛之病歷及偵查卷宗資料等語，參酌陳氏紅琛在枋寮醫院之診治醫師蘇○輝於病歷上所為關於陳氏紅琛有挫傷、意外導致重大創傷等記載，故其鑑定乃因受其所接收之錯錯誤資訊誤導所致。」經查：

1. 法醫尹○玲固稱鑑定時曾參考陳氏紅琛之病歷，但她也強調她的判斷並未受此影響，在屏東地方法院一審卷第 1279 頁背面第 7 行強調：「我所作鑑定結果判斷跟火車出軌無關，我所作解剖結果是我研判是鈍力所致」第 1282 頁背面倒數 11 行「我要參考卷宗裡的資料，並非依賴卷宗裡面的資料來做報告」。

2. 所以法醫又在屏東地院一審卷第 1284 頁詳述她鑑定認定之依據為：「因為解剖時看到多重器官挫傷，所以依據法醫病理學上的鈍力傷害導致的挫傷定義，所以判斷是鈍力」「鈍力一定會導致挫傷、擦傷、撕裂傷」「我的學術依據是這樣，因為我看到挫傷，所以我推定是鈍力所導致」（問：你是根據什麼方式來判定陳氏紅琛有挫傷？）「除解剖之外，我依據我們的專業、解剖經驗來判斷，看到她出血。」此外其於一審卷第 1279 頁法醫尹○苓交互詰問時回答內容亦可證明此節。

問：你作死因的調查，你參考全部因素有哪些？

答：解剖結果為最重要的參考。其他有關外部傷害，還有內部傷害結果，解剖也是依據鑑定報告，根據解剖結果來做判斷，依照專業做出這樣的判定。

問：當時有無因為送來是火車出軌的傷患，她的死因就是鈍力造成？

答：我所作鑑定結果判斷跟火車出軌無關，我所作解剖結果是我研判是鈍力所致。

問：當時有無參考死者的病歷？

答：有。

3. 而法醫解剖鑑定意見確實並未受到檢察官所送卷宗資料之影響，亦經我在交互詰問特別問到時證實，她在 1287 頁如此回答：

問：就陳氏紅琛解剖報告，你的鑑定報告，除了解剖之外，還有包括把組織帶回辦公室做病理切片檢查？

答：是。

問：火車出軌這件事，你回答檢察官卷宗有提到李雙全跟她太太搭乘 96 車次在五、七車，就這部分內容，有無影響你做鑑定報告之結果？

答：如果我覺得是火車出軌導致，我鑑定結果就會把火車出軌寫進去。

問：你沒有把這個因素加進去，影響您的鑑定？

答：是，我沒有加進去，這是我的參考資料，因為我的死亡原因並
　　沒有寫因為火車出軌而導致多重性創傷傷害。

4. 所以，之前一、二審法院判決理由，根本沒有詳閱法醫在屏東地方
　　法院一審交互詰問時的各項回答。她已經澄清鑑定結論沒有受到檢
　　察官卷宗認為陳女是火車出軌、翻車送來之各項資料影響，而是獨
　　立依據自己實際解剖觀察是多重器官創傷、按其專業判斷認屬鈍力
　　傷造成之外傷致死，法官在無任何證據下，就空以法醫曾「參考」
　　（並非依賴）此類資料即斷定必定受此影響，實在過於武斷。

96 年 3 月 14 日審判筆錄部分內容

檢察官問

這個案件在偵查中從 3 月 17 日到 95 年 7 月 28 日檢察官起訴，
檢察官是否曾經有要傳喚你，請你說明死因的鑑定？

鑑定證人答

有發傳票給我，可是不是在偵查庭問我，可是在檢察官辦公室，沒有
錄音，且沒有做筆錄，且他說偵查不公開，不能把這件事情報告上級。
當時檢察官有要求我更改死因為藥物中毒，我沒有做，我說我無法更
改，因為死因為多重性創傷傷害，在四月十四日晚上高檢察官有打電
話給我私下討論陳氏紅琛案情，要我私下討論，沒有做任何紀錄，我
跟他沒有辦法私下討論，請正式來文，經上級批准後，後來才有 95
年 4 月 17 日的傳票，補充四月十七日有講到除要求更改死因外，當
場有打電話給法醫研究所的林姓組長，要求他檢驗一種會引起全身溶
血而死的藥物，講完這件事情，他吩咐不可能把這件事情報告上級，
因為偵查不公開。

（三）再來，我要來談談法院判決認：

「陳女急救時輸血約 3000C.C. 以上而輸入大量血液、代用血漿，再加上注射之點滴液，陳氏紅琛原本身體內血液已所剩無幾，且陳氏紅琛屍體係於其死亡後 5 日始進行解剖以取得陳氏紅琛之體液檢驗，陳氏紅琛屍體已呈腐敗現象，亦有法務部法醫研究所之鑑定報告可參，從而無法自陳氏紅琛體液中檢驗出毒物，尚與常理無違，均不足以推翻前揭依陳氏紅琛之病史、就醫過程、反應症狀、死亡最終機轉等綜合推論而得之死亡原因。」

1. 本件陳氏紅琛屍體雖已呈腐敗現象，但並不影響解剖之結果及死因判斷，此業據法醫於原一審卷第 1280 頁第 6 行針對屍體腐敗是否會影響死因判斷，其答稱「會影響，但影響不大」。

2. 而陳女急救時輸血約 3000C.C. 以上而輸入大量血液、代用血漿並不會影響驗出體內有毒液之結果，蓋：如果此項推論可以成立，則判決認定陳女在搭車前（3 月 18 日 00:50 開始急救前之 5 小時左右即 3 月 17 日 20 時左右）即服用「意妥明」藥物，此藥物既能驗出，何以後來注射之不明毒液無法驗出？更何況，依 H 卷 195 頁所示，95 年 5 月 19 日台北榮總北總內字第 0950009475 號函就陳女胸腔液之檢測，並無砷汞及其他毒物中毒之情形，該函尚且可以驗出多種「微量元素」，如果陳女體內有「毒液」，豈有驗不出之道理？

（四）判決預設立場，與鑑定意見內容記載不符

綜上：法院歷次的判決推翻尹○玲法醫解剖鑑定意見之理由，都有以上如此明顯且嚴重之矛盾，經細究卷內其他證卷及解剖鑑定意見書內容，可以看出是判決預設立場不得不先推翻這一鑑定意見而沒有

詳細查閱鑑定報告內容，才會所造成上述之疏漏，結果就形成判決的理由與鑑定意見內容記載不符，明顯的有前後判決理由矛盾，令人婉惜。

六、醫院急診處置，似有延誤開刀找出出血點，間接導致大量內出血急救無效而死亡：

（一）本件陳女於 95 年 3 月 17 日晚上 23 時 22 分許送到枋寮醫院後，一直到 3 月 18 日 02 時 45 分急救無效死亡為止之急診病歷、加護病房護理記錄綜合以觀，足認醫院似有欠當之行為：

1. 初送進急診室，依第 11 頁之急診病歷顯示時間記載為 23 時 22 分。護士為陳女量測之生命跡象：血壓（BP）：124/58；脈博（PR）：149/min；呼吸（RR）：15/min。此一生命跡象中之脈博每分鐘高達 149 下，一般醫學用語稱為「頻脈」。而頻脈之急診病患，第一個要想到的是「內出血」，此已可由醫院之蘇○輝醫師證稱，該院第一個想到的就是內出血，所以做了腹部超音波之檢查可以佐證。這樣的懷疑是正確的，因為依照美國創傷醫學會教科書 Advanced Trauma Life Support for Doctors Student Course Manual 一書第 90 頁認：「tachycardia is the earliest measurable circulatory sign of shock」可佐，這樣「頻脈」狀況，是一種休克的表徵，醫學常規上，急診室醫生「必須隨時再評估」。而隨後之處置方法亦在該書第 97 頁認：An initial fluid bolus is given as rapidly as possible.The usual dose is 1 to 2 liters for an adult and 20mL/kg for a pediatric patient）應該立即給予大量輸液成人是 1000 到 2000C.C，小孩是按每公斤給予 20mL，蓋依該書第 98 頁的表 3-1，顯示脈博每分鐘高於 100 時，表示有出血 15％～ 30％（750-1500mL），而高於 120、140

時已有出血到 40％以上，而隨後之處置方法，要依序、並且不中斷隨時評估，該書在第 100 頁列了表 3-2，依序為大量輸液，視輸液結果，隨時再評估應如何處置，例如應由外科醫師準備開刀找出原因，而非消極的送往加護病房觀察。此表 3-2，我曾將之翻成中文說明更清楚。

表 3-1　從生命跡象判斷內出血量

	Class I	Class II	Class III	Class IV
Blood Loss(mL)	Up to 750	750~1500	1500~2000	
Blood Loss (% Blood Volume)	Up to 15%	15%~30%	30%~40%	
Pulse Rate	<100	>100	>120	>140
Blood Pressure	Normal	Normal	Decreased	Decreased
Pulse Pressure (mm Hg)	Normal of increased	Decreased	Decreased	Decreased
Respiratory Rate	14~20	20~30	30~40	>35
Urine Output (mL/hr)	>30	20~30	5~15	Negligible
CNS/Mental Status	Slightly anxious	Mildly anxious	Anxious, confused	Confused, lethargic
Fluid Replacement (3:1 Rule)	Crystalloid	Crystalloid	Crystalloid and blood	Crystalloid and blood

資料來源：Advanced Trauma Life Support for Doctors Student Course Manuall

2. 在表 3-2 顯現：要求經過大量輸液 1000 ～ 2000C.C 後，藉由生命跡象之量測（即脈博、血壓、呼吸）後評估，在第 1 行立即反應之生命跡象是回復正常時，則對於更多輸液要求「低」、也許有手術介入之必要，並命外科醫師待命。在第 2 行短暫反應之生命跡象出

現了「血壓下降、心跳增快」時，表示病患內出血之血液仍繼續流失中，此時「高」要求要「更多輸液要求 2000C.C」，「很可能」要手術介入了，並命外科醫師待命準備手術。第 3 行顯示其量測生命跡象依然不正常時，表示病患內出血之血液是「大量」流失中，此時「高」要求要「更多輸液要求 2000C.C」而且立即需要輸血，「完全」要手術介入了，並命外科醫師準備手術。此即急診室醫生、護士必須密切配合之處。

表 3-2　內出血處置評估表

	立即反應 Rapid Response	短暫反應 Transient Response	無反應 No Response
生命跡象 Vital Signt	回復正常 Return to normal	暫時效應：降即血壓下降與心跳增快 Transient improvement; recurrence of ↓ Bp and ↑ HR	依然不正常 Remain abnormal
預估血液流失 Estimated Blood Loss	少量 Minimal(10%~20)	力量流失中 Moderate and ongoing (20%~40)	大量 (>40%) Severe (>40%)
更多輸液要求 Need for More Crystalloid	低 Low	高 High	高 High
輸血必要性 Need for Blood	低 Low	中到高度 Moderate to high	立即需要 Immediate
備血 Blood preparation	相同血型與交叉配對 Type and crossmatch	血型相容 Type-specific	緊急給予輸血 Emergency blood release
手術介入必要 Need for Operative Intervention	也許 Possibly	很可能 Likely	高度可能 Highly likely
早期外科醫師待命 Early Presence of Surgeon	是 Yes	是 Yes	是 Yes

資料來源：Advanced Trauma Life Support for Doctors Student Course Manual

3. 但是，根據急診病歷第 12 頁之記載，該院之處置在 23：22 分「只有給 500C.C 點滴，而且沒有全開，是慢慢滴（另外第 13 頁知有做抽血檢驗、胸部 X 光、骨盆腔、脊椎 X 光，腦部電腦斷層，給氧氣）」完全違反上開醫學常規。其第一次本應先給予大量輸液 1000 到 2000C.C，且備血準備開刀，找出出血點予以止血。但第 1 步之處置，似已明顯失當，埋下後來發現陳女腹部、胸腔大出血時，因為出血量過大且迅速致無法處理之前因。

4. 而醫院雖然急診室之初有在第 13 頁做了抽血檢驗、胸部 X 光、骨盆腔、脊椎 X 光，腦部電腦斷層，初步認為並沒有明顯內出血，但是並非做完檢查就不管了；依照上開圖表 2 之流程，必須繼續、不中斷的評估，藉由量測生命跡象來評估內出血現象是否改善。不能因為第一次早期之超音波檢查無法找出異常，即放任不處理。實際上，陳女在急診室之情形，也不是正常之情形，因為參酌該院檢驗員紀○霓於 F 卷 66 頁稱「當時陳女似是肚子痛，手一直在肚子亂比，我要將她的手撥開，才可做心電圖」，顯見當時陳女主訴肚子痛，加上陳女是從翻車現場送到，不管是否有外傷，此時應先懷疑是否有內出血，尤其超音波如果還看不出有出血現象，更應懷疑有潛在性之內出血，應有心理準備要由外科醫師開刀來止血，而非一直待在急診室觀察讓潛在性內出血持續到不可控制，才送加護病房。如果急診室醫生命護士每隔 10 ～ 15 分鐘量測一次生命跡象，依據上開圖表 2 之流程判斷，當可早期發現是否仍有內出血。也就是當有做第二次之量測，才有辦法再評估。

5. 但依據陳女之病歷及護理記錄顯現，陳女從第一次進到急診室時做完生命跡象之量測後，一直到 23：55 改送加護病房，這中間長達

33 分鐘，均未處理，既未量測其生命跡象，當然無法評估是否再給予大量輸液、或輸血及進一步準備開刀，此似犯下第二個嚴重之錯誤！

6. 當進入加護病房，似乎又犯下另一個嚴重之錯誤：

依病歷第 4 頁顯現，在進入加護病房時，其生命跡象為：BP：119/58，PR：147/min，呼吸之 RR：28。比較其 33 分鐘前之生命跡象，「頻脈」之情形依舊不正常，而每分鐘之呼吸，由每分鐘 15 下，變成 28 下，代表病患呼吸更急促，其生命跡象根據上開圖 2 之處理，屬於心跳加快或依然不正常，本應「高」要求更多輸液（應再輸 2000C.C 全開之點滴）、且立即需要「輸血」、要由外科醫生手術開刀找出出血點予以止血了。如果醫院沒有辦法開刀，應立即轉院到醫療設備更週全之上級醫院，而不是放置加護病房。蓋在加護病房，並未手術找出出血點，其腹部、胸腔繼續出血已達到 40％ 或甚多，表 3-2 之第 2 行、第 3 行），形同讓病患等死而已。所以，在進入加護病房之前長達 33 分鐘，未做生命跡象之量測，犯下第二個錯誤，導致未送開刀而送進加護病房之第三個錯誤，而這第三個錯誤尚且包含其做了生命跡象量測後，病患未改善時，未立即處理之下一個錯誤。

7. 下一個嚴重錯誤屬一連串之多重錯誤，是接連處置失當。蓋當甫進入加護病房時，既發現 PR：147/min，呼吸之 RR：28，何以未立即予下列處理？

(1)進入加護病房後醫、護人員似乎延遲處理合計達 20 分鐘：依病歷第 14 頁顯示，蘇醫師下達之醫囑，護理人員是在 00:15 分處理，不知是蘇〇輝醫師在 00:15 才下醫囑，還是護理人員延遲到

00:15 才處理？總之，醫、護人員兩者合計從陳女 23:55 進入加護病房到 00:15 已經過 20 分鐘，在此分秒必爭之加護病房，竟拖延如此長之時間未立即處置，令人不解，尤其陳女病歷記載 23：55 改送加護病房，病歷第 2 頁所附「病危通知單」時間為 3 月 18 日 00:05，故進入 10 分鐘之 00:05 已發病危通知，竟然拖延未處理，一直到 00:15 才有處理動作，令人不解。

(2)應繼續大量輸液而未給：而蘇醫師縱使做了處置，也不符上開醫療常規，除原來在急診室時已疏忽原應給予 1000 ～ 2000C.C，竟只給 500C.C 未全開之點滴外，應另外繼續給予大量滴點 2000C.C，而且要全開。可是在病歷第 14 頁之醫囑，仍然只是給予 500C.C 未全開之點滴。我不禁要想，如果這時候，醫院為陳女緊急開刀找出出血點，難道陳女還會死亡嗎？

(3)從 00:15 到 00:40 未做任何處理：依病歷第 14 頁接下 15 頁觀察，此中間 25 分鐘，醫師並未做任何處置。病歷第 18 頁並無給藥記錄，亦可佐證。而偏偏護理人員在此 25 分鐘，也沒有注意陳女之生命跡象，此由病歷第 19 頁記載，從 23:55 到 00:40 這中間，並無另外再量測生命跡象可知。或許在加護病房因有儀器，故無需再一一量測。但其生命跡象，亦應適時記錄始能供醫師做再評估為是。

(4)01:12 才又做第二次腹部超音波檢查，為時已晚： 依病歷 25 頁以下之超音波檢查時間是 3 月 18 日 01:12 了，然從 23:55 進入加護病房，即未做此檢查，遲至 01:17 之後才做此檢查，為時已晚，此時縱使發現陳女腹腔、胸腔大出血，也來不及開刀止血了，形成不可逆之死亡結果。

（二）上開每個階段之錯誤，都是導致陳女在 00:50 心跳一下掉到每
　　　分鐘 43 下之連串原因，這中間只要有一個階段的修正，或許
　　　陳女可以命不該絕。

　　縱觀醫、護人員之處置不當完全是一個接續下一個，而又沒有警覺
心給予以開刀或轉院找出原因，反倒送進加護病房造成不可逆之死亡
結果。可惜，確定判決竟反而認為是意妥明加上酒精造成，不禁令人
感嘆，生命之渺小，竟在如此嚴重之疏失中，造成李雙全一家家破人
亡，還令李雙全之兄身陷囹圄之中。

第 **4** 章
破壞鐵軌需要
什麼工具？

沒有任何一人可以單獨手提工具在 40 分鐘內破壞
鐵軌，專案小組模擬的光碟影片顯示無法由一人破
壞鐵軌，而且影片經過剪接，專案小組到目前還沒
有找到所謂破壞鐵軌的工具。

　　為了確認李泰安一個人，在沒有任何大型機具的協助下，單憑所謂破壞鐵軌的工具，是否可能達到破壞鐵軌，讓火車出軌的目的？我在台鐵工會協助下，親往鐵路局台東工務段，實際了解南迴鐵路的鐵軌構造，大致如下：

① 每段鋼軌長 50 公尺，每公尺 50 公斤重，一共 2500 公斤重。

② 利用扣環將每段鋼軌固定在水泥枕木上，每 60 公分架設一根水泥枕木（見圖 4-1）。

③ 共有 83 根枕木的左右扣環將鋼軌固定在水泥枕木（見圖 4-2），而每個扣環外徑的高度為 4 公分（見圖 4-3）。

要拗彎或搬動 2500 公斤的鐵軌，非有大型機具不可

　　其中，鋼軌需要接受機車（車頭）車輛的壓力及衝擊載荷，因而須有滿足的強度和硬度及必定的耐性。一般選用的鋼軌是平爐和轉爐鍛鍊的碳素鎮靜鋼，這種鋼含碳 $\omega c=0.6\%-0.8\%$，屬於中碳鋼和高碳鋼，但鋼中含錳量 ωMn 較高，在 $0.6\%-1.1\%$ 範圍內。近年來，已廣泛選用一般低合金鋼鋼軌，如高矽軌、中錳軌、含銅軌、含鈦軌等，比碳素鋼軌耐磨、耐腐蝕，運用壽數有很大進步。

鋼材特性

　　如此強度和硬度的鋼軌每段又長達 50 公尺，不可能像鋁材、鉛材可以在其中某段以外力拗彎幾十度。其次，因為鋼材會回彈彈正；我們看到的鐵軌需要轉彎時，都必須繞很大的彎道，就是因為鋼軌無法以外力拗彎之故。第三，如果要更換鋼軌，一來每段重 2500 公斤，

二來鋼材的特性有彈性，都必須藉由大型機具更換，不可能單獨一人手持機具可能達成（見圖 4-4）。

　　尤其，每段鐵軌為 50 公尺，需要經由大型機具直接吊起離開枕木上之扣夾座，才可直接平移過 4 公分高之扣夾座。而如果由一端提離方式錯開，必須高於地面 4 公分 ×83 = 332 公分（見下圖 ）：因為 83 根枕木上每根均有 4 公分高的扣夾座，僅一端提離欲將鐵軌錯開，仍需將鋼軌另一端越過最後第 83 根枕木上之 4 公分扣夾座，如此計算結果代表什麼意義？單純不藉由大型機具之協助，要以一個人的力量加上任何工具來撬彎移開 50 公尺鋼軌到一定角度讓火車出軌，是絕對不可能的。

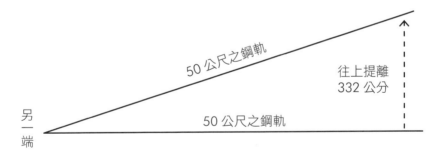

李泰安獨自一人，無論使用什麼工具，都無法破壞鐵軌

因此，李泰安一個人在沒有任何大型機具的協助下，單憑一個人加上所謂破壞鐵軌的工具，根本不可能達到破壞鐵軌讓火車出軌的目的。

所以，到底什麼工具可以破壞鐵軌，答案是：沒有。

檢察官稱專案小組的成員到枋山附近實際模擬，是可以破壞鐵軌的，並提出模擬光碟給法官做為佐證，但真的是這樣嗎？

（一）警員楊○庭出庭作證可以搬移：

曾於本件系爭莒光號列車翻覆事故案發後，警員楊○庭於屏東地方法院 96 年 10 月 11 日審理中到庭結證稱：據專案小組自行南迴線枋起 10K806 公尺所做之「模擬報告」，模擬時分別由台灣鐵路局道班員楊○豪、周○安單獨一人作業，先以扳手將魚尾板螺絲拆掉，再持 37 公斤用的道釘鎚將扣夾打掉，取出塑膠絕緣墊片，再以 375 口徑之扳手或鐵條，利用槓桿原理就可以將鋼軌搬移等語為證據。

（二）道班工證述模擬過程極為不順利：

光碟內容顯示以模擬的鐵條確實無法搬移鐵軌否定了該次模擬，理由是：

1. 操作模擬之人為極為熟悉道班作業之「道班工」，李泰安並沒有任何道班經驗。

2. 李泰安在 93 年間因大車禍，左手小指截肢，同時左膝換上人工膝蓋，釘有鋼釘，無法持 37 公斤重的鐵槌連續性在 40 分鐘內數十次的半蹲半揮，與道班工兩人體能及工作經驗狀況不同。

3. 模擬現場鋼軌上之扣夾為新安裝不到一天，拆下極為容易。而且現場魚尾板連軌線還來不及裝上，與翻車現場的現況不符。

4. 現場模擬僅將鐵軌敲擊移位約 5 公分，其位移距離：

   (1) 與該列車司機陳○和證稱被錯開約有一個鐵軌的寬度不符，亦與其位移被錯開的鐵軌長度在枕木上「分離約二到三個枕木的距離」不符。

   (2) 且道班工黃○香稱「要位移錯開 20 公分就會出軌」，所以至少應錯開 20 公分之距離，這件模擬敲開之位移距離不足 20 公分，條件不同。

5. 整個勘驗過程，極為不順利，在影片 15:14 是暫停。也不知停了多久，才又開始，但是畫面竟將之接續，使錄影之秒數連續，如果不是我反覆播放觀看，會誤以為連續。而在 19：04 在場有人要求「報告檢察官，先休息一下」又再次的暫停、計時等一下。可是這怎麼可以暫停計時；道班工都要休息，難道破壞鐵軌的人不要休息嗎？

6. 上開道班工在模擬過程中停下，是因為遇到困難無法順利達到破壞鐵軌之目的，所以停下打電話連絡同仁協助，不知取來何物？等取得某物後才又繼續進行模擬。似此有熟悉作業之道班作為後勤支援都難以完成破壞鐵軌的動作，與檢察官認定被告李泰安是單單一人、而且在有限的時間內即完成破壞鐵軌，根本不可能。

以上事由我早在 96 年 8 月 11 日就出狀爭執專案小組之「模擬報告」並無證據能力，並於交互詰問後一一證實。

（三）檢察官 95 年 6 月 16 日模擬 0621、0317 專案鐵軌破壞部分

1. 同上所述，這次模擬在同一天之中一共有二次，而兩次操作模擬之人不同，均屬極為熟悉道班作業之「道班工」，而且在場有多名道班工馬上指導；相對於李泰安沒有任何道班經驗，亦無同伴支援，條件根本不同。而且模擬之兩位道班工之左膝未因車禍釘鋼釘，李泰安則釘有鋼釘。兩人體能狀況有如天地之別。

2. 操作過程亦極為不順利

   (1) 在光碟 11:55 開始操作時示範人員先以鋼條撬開，隨後再以鐵條撬開不過示範人員撬開時換了幾處位置無法撬起鐵軌，甚至換邊亦同，且鐵條彎曲撬不起鐵軌。至光碟 16：50 時仍無法搬移鐵軌。

   (2) 在光碟 23:38 秒偵查員楊○庭在換地方要作模擬時，找到較南邊的魚尾板位置，可是光是在準備工作的時候，就將模擬之作案工具握把敲斷。

   (3) 在光碟 40:45 起模擬之道班工欲以活動板手移開鐵軌，但無法抬起鐵軌。

   (4) 在光碟 41：00 起改成有人在現場出言指導將鋼軌位移之方法（這是此人已將方法預先想好，要模擬者依指導內容模擬，是熟悉道班人員，依其多年經驗經過刻意安排下來指導）該人在旁指導，如同一個口令一個動作稱：

   現在周先生以剛剛拆卸魚尾板之 375 活動板手要來搬移鋼軌，拆卸位移這個鋼軌，必須將鋼軌抬起之後，要將小石渣放在鋼軌下面慢慢把它搖出。但試第二次仍無法以活動板手抬起鐵軌，旁人指導可以用

腳踩或是再用石頭墊高一點，結果道班員工再度出力，鐵軌又回復原位，試第三次再將鐵軌以石頭墊高位移鐵軌。

(5) 在這搬移鋼軌過程，道班工必須以半蹲方式，利用槓桿原理用力撐起 2500 公斤之鋼軌，多次使力，此在一個身強體壯且左膝未有骨折釘鋼釘之道班工尚且經過多人建議指導到第三次才能位移，相對於被告李泰安根本無法達成。

(6) 在畫面 47:48 秒最後可以證明使用鐵條無法搬開鋼軌。

3. 本次模擬稱可以將鋼軌向外側搬離，其在 45:45 秒時，可以看出搬移時，鋼軌有彈性會再彈回，而且其所謂可以搬離之距離，過於狹小，不足以造成列車出軌。

（四）所以，可不可以模擬由一個人來破壞鐵軌？答案也是：不可能。

專案小組有找到破壞鐵軌的工具嗎？

工具一、脫軌器

這件案件在偵查中，專案小組曾多次前往李泰安位於知本住處搜索、查扣所謂與破壞鐵軌有關的證物，其中媒體報導最大的是 95 年 5 月 5 日，說大規模搜索查扣七大箱證物，還有 2 張手機 SIM 卡及一支注射針筒，在我受李聚寶先生委任此案後，知道專案小組還查扣了家中的筆記型電腦、銀行存摺、股票進出存摺十數本、電腦、光碟等物，其中尚且有小孩之英文筆記簿，就是沒有「脫軌器」這個東西。

現在我們先回顧一則專案小組在偵查中釋放給媒體的報導：

南迴怪客案用乙炔製脫軌器？
業者：李雙全説用來切鐵

【東森新聞報 社會中心／綜合報導】

李雙全有化工背景，曾經自製板車，舉動令檢警懷疑，現在專案小組又發現，李雙全生前有租過乙炔鋼瓶，還跟老闆説要用來切鐵片用的，警方現在推論，李雙全需要乙炔，可能是要拿來自製脫軌器。

南迴鐵路翻車案，專案小組在意外現場找到脫軌器，現在有傳言指出，李雙全被查扣的電腦主機中疑似有脫軌器的設計圖，警方也發現，李雙全在去年 11 月中旬，曾經花 4000 元租用過乙炔鋼瓶，我們找到業者，還原當時情況，乙炔鋼瓶業者表示：「李雙全本人來這裡叫我們送過去，我們司機送過去，也是李雙全本人接收的，他説要拿來切鐵。」

租乙炔鋼瓶，李雙全説要拿來切鐵，而且光是在去年 11 月到 12 月之間，就因為鋼瓶裡的乙炔用完，又回去充氣兩次，李雙全在短時間內，為何需要不斷切割鐵片，令檢警高度重視。

專案小組目前，已經從李家查扣一瓶氧氣和乙炔鋼瓶，將持續追蹤李雙全，是不是還有購買鋼料以釐清案情。

專案小組查扣疑似
焊接脫軌器工具

　　根據維基百科的説明，脫軌器（Derailer）是一種用以防止違規行駛或無人駕駛的列車與鐵路軌道上的任何物體相撞（例如：人員、火車或倒塌的樹木等）的裝置。其運作是利用脫軌的方式使車輛翻覆。

專案小組對媒體發布，李雙全生前有租過乙炔鋼瓶，可能是要拿來自製脫軌器。可是，在 3 月 23 日及 5 月 5 日兩次搜索扣押物品清單中，查無「一瓶氧氣和乙炔鋼瓶」，專案小組故意放出根本沒有的證據，一方面又大玩偵查不公開，不願證實這些傳聞，無非是先大膽假設李雙全就是鐵道怪客，李泰安為共犯，企圖瓦解李泰安的心防，使其屈服在媒體壓力之下！

工具二、鐵撬及鐵鎚

（一）若是做案工具，為何仍留在所謂太麻里現場

根據卷內的筆錄，李泰安 95 年 6 月 2 日被收押以前，污點證人黃○來一共接受警方偵訊多次，其中有筆錄的就有六次，但全部否認有知悉或參與任何破壞鐵軌的行動，每次都可以很合理交待翻車前行蹤。可是就在李泰安被收押後不到一個星期，出現了一份 6 月 7 日筆錄，媒體報導說這位污點證人是在專案小組王○海組長滷味攻勢下良心發現，供出涉案情節，並於翌日（6 月 8 日）帶同警方人員現場模擬，還從康樂家中出發前往枋山勘查現場中途，經過太麻里藏放作案工具地點下車，黃○來答稱去勘察太麻里現場的照片，是李雙全預計在 95 年 03 月 15 日要破壞鐵軌的現場，當時是李雙全開著奧迪車帶他去的。可是警方雖在 95 年 6 月 8 日當天帶黃○來到太麻里看所謂預計破壞鐵軌的現場，也找到所謂的作案工具鐵撬及鐵鎚，但卻留在現場，直到 8 天後即 95 年 6 月 16 日才回到太麻里現場起出，這不是很怪？

（二）工具上沒李泰安兄弟指紋，卻均有專案小組警員詹○儒之DNA

95 年 6 月 16 日起出之工具鐵撬及鐵鎚，經鑑定結果非但沒有李泰安兄弟之指紋、DNA，卻均有專案小組警員詹○儒之 DNA，豈不怪哉？

1. 依 95 年 6 月 16 日黃○來帶同專案小組起出所謂作案工具，一共有「千斤頂 1 支」「榔頭 1 支」「鐵撬 1 支」「白色鐵管 1 支、遭破壞之彈簧扣夾 3 個，塑膠袋一只，這些作案工具，照上面分析，根本無法撬開重達 2500 公斤的鐵軌，那是什麼破壞鐵軌的工具。

2. 最主要的是這些「千斤頂 1 支」「榔頭 1 支」「鐵撬 1 支」「白色鐵管 1 支、遭破壞之彈簧扣夾 3 個，塑膠袋 1 只，經過小心採證後送鑑定的結果（J 卷 61 頁）上面不但沒有黃○來、李雙全、李泰安之 DNA，反而在其中「鐵撬棒身末端」、「中段處」及「鐵鎚頭部」斑跡部分，驗出了詹○儒之 DNA。報告出來，這下子嚴重了！從卷宗內的資料顯示，檢察官已經發現這種問題嚴重性，所以，事後就趕快傳喚這位專案小組成員詹○儒來消毒一翻！答案當然是套好的，詹○儒證稱說是他「採證時不小心汗水滴下所致」。哈哈！我們都知道，任何採證人員都是從警校開始經過多年長期的訓練，這些採證的 SOP 為了避免污染證物，完全是以戴手套、口罩、面罩等隔離證物、保持證物完整性的方式來採證。所以，我特別在開庭時傳喚另一位採證人員劉○凱到庭證述採證過程，劉○凱及承辦本案的鐵路警察楊○庭偵查員到庭證稱說他們在採證時，都證述本案取證時是用「密封、隔離方式採證」，從他們的回答就可知道詹○儒說證物上有他的 DNA 是他「採證時不小心汗水滴下所致」完全是胡說八道。

3. 尤其像這個案件是如此社會重大矚目案件，專案小組動員六萬人次之警力辦案，豈會容許採證人員汗水滴下的可能？而且滴下位置還可以涵蓋到「鐵撬棒身末端」、「中段處」及「鐵鎚頭部」，包括了兩個不同扣押物品。好啦，就照詹○儒說的，只是一時汗水不小心滴下，又豈會分別摘在兩個不同的扣押物上？既然是一時不小心滴下，表示極少的汗水，但如此少的汗水怎麼會同時滴在其中同一扣押物「鐵撬棒身」的「末端」及「中段處」。這位詹先生的汗水也一下子滴太多了吧！

4. 為何如此？實不排除是專案小組中有人指示事前安排由詹○儒放置該證物在該處（應只有詹○儒等少數人知曉而已，劉○凱和楊○庭可能不知道，才會開庭時信誓旦旦證述完全是以密封、隔離方式取出本件的破壞鐵軌工具），然後要黃○來配合，故意藉由黃○來之口說出這些證物所在，大家再作作表面功夫大張旗鼓到現場前後找一找，皇天不負苦心人，終於依黃○來口述內容找到所謂破壞鐵軌的證物，唉！這種宮鬥連續劇情節竟也在本案上演！

5. 我們再來對照一下，據報導黃○來是在 95 年 6 月 7 日王○海組長之滷味攻勢下良心發現，供出涉案情節，並在翌日（6 月 8 日）帶同警方人員現場模擬，還於從康樂家中出發前往枋山勘查現場中途，經過太麻里本件事故地點下車拍攝，一一查對之情形來看去勘察太麻里現場的照片，黃○來說是李雙全預計在 95 年 03 月 15 日要破壞鐵軌的現場，當時是李雙全開著奧迪車帶他去的，沿著鐵路邊的小路一路觀察。我們不禁要問，既然已在現場一一指出欲破壞鐵軌位置，而且還一一拍照存證，為什麼不立即由專案小組馬上起出這些破壞鐵軌的工具？為何還要先回去開會，等到一個星期後之

95 年 6 月 16 日再又大費周章前往現場去起出該作案工具？專案小組從 95 年 3 月 18 日起即動員大批警力，作地毯式訪查、搜索、跟監，於 95 年 5 月 26 日第一次對被告李泰安聲押失敗後，於 95 年 6 月 2 日終於聲押獲准，其欲儘速補強各項不利於被告之證據，自不待言，現既然已從黃○來口中得知而且也由黃○來帶往現場找到所謂破壞鐵軌的工具，這有如大旱之望雲霓，那有不立即起出作案工具、而任令工具繼續藏置該處達一週之久的道理？難道不怕多拖一個星期，在這一個星期中這些工具就滅失的可能？

6. 所以，合理的結論只有一個可能，這個所謂工具，是經過數天到一週之討論設計後才產生，所以才在一週後再回到現場去補作起出作案工具之動作，這些都在在顯示「事後操作」之痕跡，真是令人感慨，真有必要演這麼大嗎？

第 5 章
何以沒人追究莒光號翻車的真正原因

翻車地點是下坡路段而且右彎,莒光號司機仍以時速85公里之高速行駛,2年多前宜蘭普悠瑪火車意外正是行經彎道未減速造成,國外也有諸多類似出軌意外。

為何未送請專家鑑定火車翻車原因？

在檢察官的認定和法院的判決都認為 96 次火車翻車，是人為破壞鐵軌造成，所憑藉的是火車陳姓司機的證詞及檢察官自行找道班工和鐵路警察模擬：鐵軌是可以一個人單獨將鐵軌撬移開，為補強證據，根本未經過專家或專門機構鑑定就直接認定是人為破壞，在採證上有違證據法則。而檢察官的模擬根本是不可能，我也在前面章節中說過，不再重覆。

現在我先說一下火車陳姓司機如何順著檢察官的訊問，回答一些司機員不具專長的專業判斷？

在 96 年 1 月 12 日在屏東地院交互詰問時的筆錄是這樣：

檢察官問：在有開燈的情形你可以看多遠？？

證人答：下坡在 50 公尺到 80 公尺左右，直道在 100 公尺左右彎道要看他彎的弧度。95 年 3 月 17 日當晚可以看到 30 公尺左右。

檢察官問：95 年 3 月 17 日出軌的地點是彎道？

證人答：是向右彎的彎道。

檢察官問：離出軌地點往台東方向大概 100 公尺是隧道？

證人答：是的。

檢察官問：出了隧道之後就出軌？

證人答：是的。

檢察官問：出軌前有無發現鐵軌有無異樣？

證人答：它是彎道，我看到海側鐵軌有位移，我只知道有不一樣的地

方。我所謂的位移是鐵軌接合處沒有接在一起。

檢察官問：兩根鐵軌間有被挫開的距離？

證人答：有，距離多少沒有辦法知道。

檢察官問：95 年 4 月 20 日你在接受檢察官詢問時，提到說連接處分
　　　　　離的距離應該有一個鐵軌的寬度是否正確？

證人答：我有這樣說。鐵軌的寬度是指一根鋼軌的寬度。

檢察官問：95 年 3 月 18 日上午 4 時左右，你在警方詢問時說發現海
　　　　　側軌道分離約二到三個枕木的距離是什麼意思？

證人答：（證人當庭繪製）鐵軌下面有枕木，我是說被挫開的鐵軌在
　　　　　枕木上被移動的長度。

檢察官問：依照你的行車經驗，你發現的異狀是人為造成？

證人答：我們在行駛中鐵軌應該是直的，有挫開應該就是人為造成。

檢察官竟詢問並無鐵軌修護經驗的火車司機

> 　　從上面陳姓司機的幾次筆錄可以看到，第一次在警方詢問時，說了鐵軌被錯開二到三個枕木距離，這距離我算一算約 80 ～ 90 公分，直夠誇張的距離；後來在檢察官訊問時，改成「連接處，分離的距離應該有一個鐵軌的寬度」，兩三枕木的距離一下子縮小到一個鐵軌不到 10 公的寬度，到了法院是公判庭，法庭有眾多媒體記者在場，陳姓司機不敢亂說了，就改成「距離多少沒有辦法知道」。

我就反詰問：

辯護人問：有無從事修護鐵軌的經驗？

證人答：也沒有。

辯護人問：對於鐵軌到底什麼狀況造成分離的情形你有無辦法依據你的經驗判斷？

證人答：沒有。

辯護人問：火車出隧道口的車速？

證人答：約 85 公里。我們的速度可以到 90 公里。這是正常的速度。

辯護人問：你的眼睛在 85 公里的速度可不可以看得細微？

證人答：因為鐵軌是兩條線，兩條線可以看的很清楚，如果有挫開可以看得清楚。

辯護人問：你有無辦法看到兩到三個枕木？

證人答：那是大概。沒有辦法看得清楚。

辯護人問：就你瞭解，那挫開的鐵軌距離要用什麼工具可以達成？

證人答：我不知道。

辯護人問：你覺得是否一個人可以在短時間可已造成？

證人答：我不知道。

隧道口彎道、下坡，又未減速，難道不是釀禍主因？

但是如果回頭看一下陳姓司機開始回答檢察官的筆錄明確的說「翻車地點是一個彎道，火車在在有開燈的情形，彎道要看他彎的弧度。95 年 3 月 17 日當晚可以看到 30 公尺右。出軌的地點是向右彎的彎道。翻車的地點離出隧道約 100 公尺，出了隧道之後就出軌。」就知道當時因為剛出隧道就是右彎的下坡，本應減速，可是司機員自己說他當時時速 85 公里，明顯下坡未減速。雖然又補充莒光號車可以到時速 90 公里，但他不敢說那是指直線、平路沒有上下坡，視線良好時才可以到達時速 90 公里，如果是下坡又是彎道呢？我們回想一下 2018 年 10 月 21 日下午 16:50 分在台鐵宜蘭線的蘇澳鎮新馬車站旁發生的普悠瑪自強號列車脫軌事故。事故全車共有 366 人，18 人死亡，215 人輕重傷由。於事發地新馬車站為招呼站，該列車並不停靠，當時的時速限制 75km/h，但是 6432 次普悠瑪號事故列車以超過速限的（141km/h）進入半徑 306 公尺的新馬站「彎道」（見圖 5-1）。

這代表彎道，列車必須減速，即便以新進科技著稱的普悠瑪這種傾斜式列車，行經新馬車站也是向右彎，而且還是平坦不是下坡的彎道都要限制時速為 75 公里，更遑論數十年前出廠老舊莒光號柴油機車列車，行經同樣往右彎但是更危險的大下坡翻車地點，竟然還以時速高達 85 公里的速度下行，這樣往右彎的結果如何？難道陳姓司機認為數十年前出廠的莒光號機車頭，它的安全控制早已超越數十年後才出廠的普悠瑪電聯機車頭，還要來的好嗎？

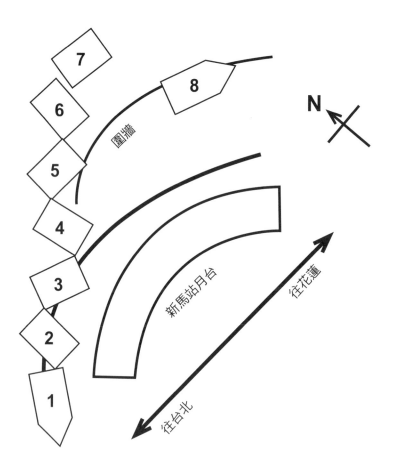

圖 5-1　普悠瑪翻車地點，新馬車站簡圖。

國際常見過彎或下坡不減速而翻車，何以檢察官不調查？

　　過彎不減速，不只在台灣的上述翻車事故，國外在日本、西班牙及加拿大同樣發生在彎道未減速或下坡未減速造成火車重大翻車意外。

　　先說日本於 2005 年 4 月，JR 福知山線發生出軌事故，當時駕駛因列車誤點，為了搶快，以時速 120 公里過前一站後，並以時速 116 公里進入彎道、結果延誤啟動煞車，即使啟動緊急制動也來不及減速至限制時速 70 公里，高速出軌、撞進公寓，建築物全毀，撞擊力道也讓車體嚴重變形，造成 107 死、562 人受傷。

　　另外西班牙 2013 年 07 月 26 日一列由首都馬德里開往西北部的火車，在抵達聖地牙哥前一處大轉彎處，限速 80 公里，卻疑超速兩倍多過彎，造成出軌翻車，所有車廂撞擊、拋飛、交疊、爆炸，至少 80 死 178 傷。

　　此外，自由時報也曾報導在 2007 年 4 月 24 日加拿大卑詩省有一輛載運肥料的火車因為車速過快造成出軌，有人失蹤的意外。

　　這些例子都顯示一個事實，火車過彎不減速是會出意外的！尤其是人為的操作疏失造成重大傷亡的翻車事故，中外皆然。根據陳姓司機接受訊問時表示莒光號行車在平坦直路最高速也只能開到每小時 90 公里的速度，可是 96 次莒光號司機在行經翻車地點前 100 公尺是向右彎的大下坡，何以不減速？為何仍以高達時速 85 公里的速度往下、往右彎行駛？而莒光號機車頭都是數十年瀕臨淘汰的老舊機車頭，機械性能不佳等各種不利因素加雜在一起，最後就在司機員違規超速的疏失下造成不願見到的翻車意外。

直擊多國火車出軌慘劇，皆飆速釀禍

　　上述宜蘭新馬車站普悠瑪列車出軌，司機尤○○在 110 年 10 月 18 日經宜蘭地院依過失致死判決有期徒刑 4 年 6 月，就是認為尤姓司機過彎未減速造成出軌。

　　這次翻車是不是司機員過彎未減速造成？陳姓司機不會自己承認，事實上根本沒有什麼鐵軌被破壞移撬的事，而是司機員為了掩飾自己超速造成出軌，附合檢察官將事故推往有人破壞鐵軌造成，既可免除自己嚴重過失之責，又可將自己搖身一變成為受害者，何樂不配合？

第 **6** 章
關鍵時刻，李泰安是否在火車上？

翻車時李泰安人就在車上，判決採用檢察官推論是李泰安事先前往現場等待並破壞鐵軌，既未交待李泰安搭乘什麼工具前往，對於李泰安在車上的諸多證據也置之不理。

> 刑事確定判決事實認定：
>
> 　李泰安於 95 年 3 月 17 日下午依其與李雙全之計畫，先行前往屏東縣枋山鄉附近。並於同日 20:30 至 21:30 間之某時，至屏東縣枋山鄉南迴鐵路枋起 10 公里 806 公尺處，持鐵槌將該處海側鐵軌之彈簧扣夾敲落約 50 公尺（90 個），以扳手鬆開固定海側前後鐵軌之魚尾鈑一組（2 片）之螺栓 4 支，而將該魚尾鈑一組拆下。
>
> 　並以鐵剪剪斷海側鐵軌間二條連軌線中較短者，再將其中靠北端之鐵軌往山側移動使海側前後鐵軌錯開而損壞軌道後，即在該處鐵道附近埋伏，等候上開莒光號列車經過……。

法院採信檢察官推論，認定李泰安獨自破壞鐵軌，令人長嘆！！

　判決事實認嗣於同日 21:41 分許，上開莒光號列車行經該處時，因前開海側鐵軌業遭李泰安移位錯開，列車之機車頭、電源車、第 10、9、8 等車廂因而出軌衝落駁坎傾斜翻覆至邊坡約 20 公尺處果園，第 7 車廂亦因出軌而翻覆在海側駁坎上、第 6 車廂則出軌往海側傾斜但未翻覆，第 5 至第 1 車廂則未出軌而停留在鐵道上，所以法院認定翻車時李泰安並不在車上，而是先躲到翻車現場破壞鐵軌。

　關於判決認定李泰安持鐵槌、板手、鐵剪等作案工具破壞鐵軌一事，在前節已經解釋鐵軌無法以這類輕型工具破壞。更何況本案迄今

未查獲任何破壞鐵軌工具，判決的事實認定，欠缺任何證據，完全是法院依照檢察官編出的鐵槌、板手、鐵剪等作案工具破壞鐵軌檢認定，令人擲筆長嘆！

關於作案工具部分，請見第 5 章，以下就來析述，翻車當下李泰安在人在火車上：

事實證明：翻車當下，李泰安人在火車上

（一）判決認定李泰安是在翻車當天下午先前往枋山翻車現場若屬實，那麼，至少要說明，他是怎麼去的？

台東知本到翻車現場一共有幾種方法可以到達：

1. 開車：大概 100 公里，經由九彎十八拐的南廻公路，正常人開車約二個小時。

2. 搭火車。

3. 搭台汽公司的國光號。

起訴書是說李泰安搭乘「不詳交通工具」到達現場，判決書更絕，乾脆不交待是用什麼方法到達？

（二）起訴書所說的「不詳交通工具」究竟是什麼？

1. 李泰安當然不會開輕航機，但他會不會跳傘，我就不知道了。

既然要編連續劇，檢察官怎麼不認為當天李泰安在晚上 7：30 遇到李姓友人後，馬上由不知名友人開輕航機載往枋山上空跳傘降落海

上再爬上岸去破壞鐵軌，所以有乘客看到李泰安穿背心短褲，穿短褲比較方便。海水把衣服頭髮弄濕了，因此看起來亮亮的，身上留有海水酸臭味。李泰安將降落傘裝在背包裡，兩個很沉重的手提袋則可能裝滿搞鬼工具，把扣夾留在現場。這樣還可以解釋森永檢查哨以及枋山衛星中心的監視器為何沒拍到李泰安或李雙全的自小客車。

2. 專案小組以其數百名警力投入偵辦，一一訪查與李泰安之親朋好友，連不太熟的朋友也訪談了，都沒有人說曾在 3 月 17 日前將所有之車輛借予李泰安使用。

　　(1) C 卷 118 頁 14 行：95.6.1 連〇齡所有 WV-4168 自小客車（吉普車）：完全不曾將車子出借予李泰安，也不曾載過他。

　　(2) C 卷 121 頁第 8 行：95.4.13 廖〇助：我除了 3017-HQ 外，並無其他轎車，我並沒有借給他們兄弟使用過。

　　(3) C 卷 100 頁第 6 行蘇〇文：我與李雙全沒有交情，當然不會與他聯絡，我沒有借（開）車之情形。

　　(4) 此外，還問公路局國光汽車客運公司台東車站的副站長王〇明（C 卷 92-93 頁）：國光號從台東到高雄之間對半路招呼之客人，駕駛均會停靠讓旅客上車並在車上補票，同時車上也有監視錄影機可以監視，但是均無法找到李泰安有在 3 月 17 日搭乘國光號前往枋寮之證明。

　　(5) 另外，訊問由墾丁開往高雄的中南客運司機陳〇村，在竹坑站上車的旅客「我不能確定，但我所載的那位乘客頭髮較長，只是臉形及體形很類似李泰安」，同時稱不能確定該體形類似李

泰安的乘客不能確定是在 95 年 3 月 17 日搭乘的，經警方調閱
中南公司紀錄 95 年 3 月 17 日在竹坑站無人上車之買票紀錄，
且陳○村也在說該乘客沒有在楓港、枋山、內獅站下車，應該
是在枋寮以北之大站下車。而且對警方提供三人一組的照片指
認，C10 頁背面第 11 行說：「就其臉形我僅能以有點類似來
形容，實在不能確認」「現在比較清楚指認其臉形不太像當天
之乘客，電視新聞報導李泰安之舉動亦不太像當天之乘客」

(6) 甚至還問李泰安車輛保養廠的人員，看李泰安除了自己的 B
6-6605 克萊思勒自小客車前往維修外，是否曾開其他車輛前
去維修，但都說沒有：證人陳○良在 95 年 6 月 11 日（C 卷
83 頁最後一行）說：95 年 3 月李泰安確定沒有進廠保養；在
95 年 6 月 11 日（C 卷 83 頁倒數第 5 行）說：只有開 B6-6605
克萊思勒來，沒有開其他車輛來過。

（三）台東知本到屏東枋山的南迴公路與屏鵝公路攝影機，並未拍到
李泰安或李雙全的座車 3 月 17 日曾經出現過：

1. 檢察官自承監視錄影帶均無李泰安 / 李雙全車輛經過

高○霞檢察官在 95 年 5 月 27 日向屏東地方法院聲請羈押李泰
安時，曾說明，已經調閱並一一查對 3 月 17 日前後，由台東知
本到屏東枋山的南迴公路與屏鵝公路攝影機（從李泰安知本家
到太麻里沿路有 8 個，見圖 6-1）監視錄影帶，共 800 捲，但仍
無李泰安與李雙全之座車出現過。這還不包括森永管制哨這台
東對外連結唯一之雙向監視器。檢察官既然自承調了 800 捲錄
影帶比對均無符合者，自無證據證明李泰安曾在 3 月 17 日下午
出現在枋山地區。

記者透漏檢察官查扣車子，竟是試圖「補拍」監視影片

2. 檢察官查扣李雙全車子，交由偵查員從知本開到屏東枋山

95 年 6 月 15 日檢察官再度查扣李雙全之自小客車（李泰安 95 年 6 月 2 日收押），由偵查員徒手「未戴手套」將車開上馬路、還去知本橋橋頭加油、然後直接開上南迴公路，經由屏鵝公路開回屏東（見圖 6-2 ～圖 6-4）。幸好打抱不平的媒體記者轉告我這件事，我當下發現不對勁，馬上找來李聚寶先生召開記者會，提出下列兩點質疑：

(1) 是否欲利用李雙全的自小客車開上南迴公路、屏鵝公路，「補拍監視影帶」，然後提供給法院，編造找到李雙全的自小客車曾在翻車當天下午開上南迴公路的監視影片，以坐實李雙全之自小客車確曾出現在南迴公路的證據？？？

(2) 是否藉車胎附著案發現場泥土，製造李泰安曾開李雙全自小客車前往的證據？車輛前後移動時，輪胎胎溝一定會壓入現場的泥土，送驗結果必會證明與翻車現場泥土同一，便可作為李泰安曾開李雙全自小客車前往翻車現場的證據？

(3) 記者會召開時，現場記者連線到高雄地檢署，由凌檢察長出面表示不會這樣做，車開上南迴公路只是要做動態模疑而已。我在記者會上再次反駁，這個案件又不是李雙全的自小客車在南迴公路發生交通事故，為什麼要把這車開上南迴公路做「動態模擬」？但檢察官接下來就不回應了。

(4) 事後我發現竟然在查扣了近一星期後，又悄悄把這車送回台東李家，令人懷疑到底是不是真的去做動態模擬？動態模擬又能

證明什麼？全部卷宗付諸闕如。

以上疑點，更加強了我開記者會質疑，專案小組查扣李雙全的自小客車，是為了創造上開證據的目的。我的懷疑並非空穴來風！現在回想起來，如果當時我沒有開記者會，事先點出專案小組要補做證據的話，恐怕真的後來卷宗就出現了這些證據，那我還真的百口莫「辯」！？

世紀大巧合：審、檢、辯三方都是司法官 28 期同期同學

由於我及時開記者會點出這些問題，並獲媒體報導，專案小組無法再補這樣的影帶，起訴書只好以「不詳交通工具」帶過！法院判決乾脆不交待，好像李泰安可以從天而降從台東知本飛躍中央山脈到達翻車現場一般！

也因為我召開記者會點出了專案小組「可能」的目的，這是專業內行人破壞了專案小組的好事，針針見血，在專案小組還沒做手以前就先點出來，搯住了專案小組的手腳，讓他們沒有辦法在這方面做手腳；也產生了接下來的一段小插曲，在我記者會開後沒多久，檢察官藉由某次開庭，強烈建議我退出這個案件，不要再替李泰安辯護，這樣會影響到我律師的名聲，讓外界的人誤認我在幫壞人。

檢察官為何會這樣建議？因為這個案件審、檢、辯三方都是司法官 28 期同期同學，我們三方在受訓期間還是交情頗好的同窗好友。也因為大家都同期受訓，結訓 15 年後對決法庭，對於我這個律師而言，所有偵查手法可說瞭若指掌，讓檢察官真的不好出手了。

本案 2 位檢察官與律師
正巧是司法官受訓同學

（四）李泰安3月17日20時左右在台東，不可能出現在翻車現場附近：

1. 3月17日19時餘，在知本路王○美的家（玉清商店後）遇到李○城，是很重要的不在場證明。

這班96次莒光號列車，在知本站發車時間是3月17日20:23分，李泰安堅稱在前不久的19時餘，有在知本路王○美的家（玉清商店後）遇到李○城，李○城有問他有關拜託李雙全拷貝CD的事情結果如何，當時王○美也有在場。如果李泰安在列車起動前的3月17日20時前不久，人還在台東知本地區，那麼不可能一個小時就從知本到達枋山地區先破壞鐵軌，在當晚21:45翻車時，還能出現在現場。所以，這是很重要的事前不在翻車現場的證明。

2. 證人李○城推翻前二次警詢，證實確有此事的筆錄，隨後改稱是李泰安要求其作偽證，導致李泰安被羈押。

但當95年7月28日報載李泰安被檢察官提起公訴，求處死刑時，李○城良心不安，竟主動找三立新聞的記者爆料，稱其不知道事情會搞這麼大，希望能出庭澄清，他在檢察官處說李泰安要他偽證是不實在的，實際上他確實有3月17日20點看到李泰安，也與李泰安交談過，也提到拜託李雙全拷貝CD的事情。後來檢察官就在96年1月12日傳喚他到庭，他本來就是無法面對檢察官說出真心話，開庭時被檢察官說要辦他偽證一嚇，仍然無法說出真相，還是說沒有在3月17日晚上遇到李泰安。

關鍵證人李○城在交互詰問時坦承，3 月 17 日 20:00 前在台東知本看到李泰安

　　我接下來馬上詰問他，是否曾「主動」向三立新聞記者爆料說李泰安是冤枉的，事實上他真的有 3 月 17 日 20 點前看到李泰安一事，李○城才又改口說確有此事，並稱在 3 月 17 日晚上遇到李泰安，其於該日筆錄第 18 頁倒數第 3 行自承在 95 年 3 月 17 日晚上確實有在「玉清商店旁邊的巷子口」碰到李泰安，且該日筆錄第 21 頁倒數第 9 行稱與李泰安之對談內容為：「我只跟他說我買他弟弟的 CD，問他弟弟有無幫我拷貝好，他說要問他弟弟看看」，當下檢察官質疑為何其可以記憶如此明確（在 3 月 17 日有碰到李泰安），證人李○城的回答值得我們相信，他說遇到李泰安是真的：「是星期五那天才有夜市，我想要去，去之前我有去玉清商店買東西，之後才去夜市」（該日筆錄第 23 頁倒數第 10 行），原來台東流動夜市每個星期五才輪到在知本火車站前廣場（證人吳○東及王○美均已出庭證述此夜市確實是每星期五才有），我們再查一下日曆，95 年 3 月 17 日就是星期五，所以李○城說在 3 月 17 日（當天為星期五）晚上碰到李泰安以後才去夜市，此鮮明之印象，足證李○城並未說謊。

（五）李泰安確實搭乘 96 次莒光號火車的其他證據

　　所謂的不在場證明，在本案就說李泰安沒有事前在屏東枋山莒光號第 96 次火車翻車現場出現，最簡單的證明方法就是翻車前李泰安能確實交待自己的行蹤。這點除了上面提到李泰安在 3 月 17 日晚上 20:23，第 96 次莒光號火車到達知本站前，在知本玉清商店後方遇到李○城一事，可證明李泰安有不在場證明。除此之外，也可由下列證

據證明李泰安確實在莒光第 96 次火車到達知本站時，人在知本火車站內：

1. 李泰安可以清楚看到吳○東值勤

李泰安在還沒起訴前的偵查階段，早就強調他在莒光第 96 次火車到達知本站前便到站候車，當時在月台上看到身材類似吳○東副站長之人，從調度室出來跨越鐵軌上到第一月台來值勤。並說火車停靠的位置是在第一月台靠海側，他供述內容均與火車到達時停靠位置及相關人員之說詞相符：

再嘆：檢方堅不採信列車長等人有利於被告的證詞

(1) 火車到站時間為 20:23 左右相符。

(2) 知本站有二個月台，李泰安說他站在第一月台候車，火車停於靠海側，與當時 96 次莒光到站位置相符（知本火車站副站長吳○東在 A 卷 80 頁說：第 1 月台海側）。

(3) 被告在第 1 月台靠北雨棚外位置（約 1-3 車左右）目睹近 60 公尺外，類似副站長的吳○東從知本火車站調度室跨越鐵軌上到第 1 月台在靠南方雨棚（約 5-6 車左右）值勤，李泰安所說的相隔近 60 公尺（經我實地丈量，莒光號火車每節車廂 21 公尺），這樣的陳述，確實和吳○東當天值勤位置相符（這部分有 95 年 4 月 12 日吳○東在警詢 A 卷：79 頁，值勤時間為 18：45 分到隔日 8 時；A 卷 84 頁：95.5.16 警詢；A 卷 90 頁 95.6.13 警詢）。假如李泰安沒有到達月台，何以能正確指出吳○東當天確實值勤？

(4) 吳○東亦證稱第一月台的北端道班旁，有一個出入口沒有管制，
　　員工大部分從那個地方進出（A 卷 85 頁），這和李泰安所說他
　　是經由該出入口進入知本火車站的月台情節相符。

(5) 吳○東並沒有將自己當天值勤一事告訴李泰安，李泰安如何敢
　　如此肯定的說看到吳○東？

　　在李泰安被收押前，吳○東被問過多次的筆錄，在訊問過程都說不
曾告訴李泰安有關他在 3 月 17 日晚上值勤一事。而這個問題一再被
檢警誘導，一再訊問，大部分的人都會被暗示影響，乾脆配合演出比
較不會惹事。所以在李泰安被收押後的 95 年 6 月 13 日，檢察官再一
次偵訊（A 卷 95 頁）時又問到這個問題，乾脆改稱：「可能是聊天
講到」，為何如此？

　　如果從檢察官會要求客觀中立之法醫更改陳女死因報告一事來看，
這樣的回答，即可知吳○東之心理壓力如何沉重了。吳○東還是有良
知的，並沒有完全配合，只改口稱「可能」。事實上是他和李泰安並
不熟，在翻車案之後，怎會去和李泰安聊天提到他當天值勤的事？

2. 李泰安看到證人黃○金女士在月台上拉住小孩不讓小孩跑出警戒線

(1) 李泰安於 95 年 4 月 8 日 15 時在台東知本車站接受三立新聞媒
　　體以及蘋果日報記者之採訪，模擬 3 月 17 日晚間自台東知本火
　　車站上月台搭乘 96 車次莒光號，該採訪及模擬經過，檢方專案
　　小組均有採證及製作談話摘要（詳見 K 卷 11 頁以下），而李泰
　　安在模擬當晚搭車實況時，針對如此上月台之路徑十分肯定，
　　並明確表示：「我很確定是在那邊，因為當晚有一個小孩子在

月台上跑，他媽媽還在後面追著他，我還看看那小鬼（小孩）有沒有摔下去（月台）（見 K 卷第 13 頁第 1 行以下）。

(2) 這部分經過交互詰問，傳喚了當天在知本火車站上車的乘客後，其中證人黃○金在屏東地方法院 96 年 1 月 11 日審判筆錄之證述，確定她 95 年 3 月 17 日當晚確實帶同小朋友從台東知本站上車搭往高雄；而最小的兒子為 9 歲，亦與李泰安目睹之小孩子相符；黃○金亦證述：「（火車還沒進站前，你有無拉住兒子不讓他跑來跑去？）我拉住小的，大的站著，他們沒有在月台上玩，但是有被我制止他們太靠近火車鐵軌被我制止」（見該日筆錄第 5 頁）。

(3) 由她的證述當晚在知本火車站候車情節，確實有如李泰安所描述，有一位母親及小朋友在月台上候車，且小孩有遭到母親制止以免摔落月台之情事，雖然李泰安僅看到片段而加以主觀描述，但確有如此人物、情節之存在，不容忽視，一般若屬虛構時，斷無可能有如此相似度高之猜中可能性，由此亦可證明李泰安當晚確實有在台東知本火車站上車無誤。

3. 李泰安確實有搭上 96 次莒光號火車，亦可由列車長是否驗票一節佐證：

李泰安說從他上開後到翻車前，沒有遇到列車長驗票。而列車長伍○郎亦證稱他驗票從第 8 車起只驗到第 6 車，第 8 車（5 車至 1 車）以前就沒有驗。由此可見，李泰安翻車時在五車以前而且剛好沒有驗票，如果李泰安沒有搭上這班列車，他大可稱「忘記了」，但他為何敢冒險來賭說「沒有驗票」，尤其本件之驗票情形是很特別的，

一般列車長都是驗票從頭驗到尾，不會只驗其中一、二節車廂，偏偏這班列車的列車長有特殊狀況（不好意思說他偷懶），只驗了 8、7、6 等三節車廂的票，其他就沒有驗了，試想，乘客怎會知道列車長會只驗其中三節車廂的票呢？而李泰安假如沒有搭上這班列車，又豈敢如此篤定說沒有驗票。

4. 從翻車後有沒有聽到車上廣播情形，也可證明李泰安當時人在火車上：

李泰安於 95 年 5 月 26 日由我陪同到仁武保五總隊接受警詢時，曾表示：「（你前述說該班莒光號翻覆後，有無聽到廣播？廣播內容為何？）是聽到一個女生廣播聲音，內容大概是鐵道發生事故，請旅客不要下車，以免發生危險」（見該警詢筆錄第 20 頁），而據證人車長伍〇郎及隨車人員侯〇和所證述，當時列車突然停止時，是播放預先錄製好之臨時停車播音系統，且是女性的聲音，內容為「本列車在此臨時停車，請各位旅客不要下車，以免發生危險」（見伍〇郎 A 卷 263 頁之第 7 次警詢筆錄內容），乃由李泰安正確無誤地表達第一時間以「女性聲音」所廣播之內容，若非親自坐在列車上，豈有如此神準而又猜中？

第 7 章
限期破案往往製造冤獄

台灣司法史不乏限期破案造成冤獄；錯誤的指認，間接促成了錯誤判決，即便在美國也有 53.6％是因為錯誤指認造成冤獄。

李昌鈺博士說把所有不利證據鎖定特定對象是危險的。

　　翻開台灣的司法冤獄史，不乏因長官「限期破案」、偵查單位刑求相關被告所連環造成：

王迎先、蘇建和、江國慶⋯多少冤獄仍喚不回公平審判

　　23 天後，一名酷似李師科的計程車司機王迎先被檢舉，並遭到調查小組刑求，被迫承認犯案。5 月 7 日王迎先於帶領警方尋找犯案工具及贓款之過程中，趁機跳秀朗橋墜入新店溪中自殺（一說為警方加工自殺）明志。

　　不久後真搶匪李師科被逮捕，並於 1982 年 5 月 21 日被判處死刑，5 月 26 日清晨執行槍決。因王迎先事件發生之故，中華民國立法院通過《刑事訴訟法》第 27 條修正案，規定被告得隨時選任辯護人，以期避免刑求逼供再度發生（以往只有正式被起訴後的「審判中」被告始得選任律師為其辯護）。

一、李師科搶劫，王迎先冤死

　　先提醒大家還有印象的李師科銀行搶案，根據維基百科資料顯示，當時的判決事實認定：李師科 1980 年 1 月在台北市金華街 199 巷持土造手槍，射殺在教廷大使館服勤的臺北市政府警察局保安警察大隊警員李勝源，搶走死者身上的點三八左輪手槍，並在 1982 年 4 月 14 日持搶來的警槍，戴假髮、鴨舌帽、口罩，闖入台灣土地銀行古亭分行，搶走新台幣 540 萬餘元後逃逸。

二、最有名的大概就是蘇建和案，又稱三死囚案

1991 年 3 月 24 日，王文孝潛入吳氏夫婦家中洗劫，亂刀砍死被害者。因案受社會極大矚目，警方在連日刑求逼供下，蘇建和、王文忠、劉秉郎無端被以「結夥強盜、強姦、殺人」等罪名宣判死刑。歷經多次無罪、死刑的撤銷更審，終在 2012 年 8 月 31 日高等法院再更三審判決無罪，依刑事妥速審判法的規定，檢察官不得上訴而定讞。

刑事妥速審判法第 8 條規定：

案件自第一審繫屬日起已逾六年且經最高法院第三次以上發回後，第二審法院更審維持第一審所為無罪判決，或其所為無罪之更審判決，如於更審前曾經同審級法院為二次以上無罪判決者，不得上訴於最高法院。

本案堪稱中華民國司法史上最受矚目及最具爭議性的案件之一，歷經多任法務部長均未批准死刑執行令，是首件由檢察總長提起 3 次非常上訴、死刑判決再審後改判無罪經上訴發回又改判死刑的刑事案件，也是首件判處死刑後未收押被告的案件。

三、江國慶遭冤殺，許○洲無罪釋放案

1996 年 9 月 12 日，5 歲謝姓女童於臺北市大安區的空軍作戰司令部營區遭姦殺身亡。軍方組成「0912 專案小組」，由不具軍司法警察身分之空軍總司令部政四處的反情報隊違法偵辦，且為追求破案績效而使用非法手段刑求逼供，迅即認定江國慶涉案，並在翌年 8 月 13 日執行槍決，冤死時年僅 21 歲。

無罪推定、罪刑法定，對於含冤者來說，都是諷刺的泡沫

經監察院 2010 年糾正國防部，法務部指示檢察官重啟調查，發現江國慶遭不當取供，並認為許○洲才是真凶，於 2011 年 5 月起訴許，台北地院判處許○洲有期徒刑 18 年。但案情之後出現逆轉，由於發現許○洲也是因被刑求才自白，2013 年 4 月，台北高等法院以證據不足改判許○洲無罪。正是因為軍方、警方刑求，以致真相遙遙無期，本案真兇仍逍遙法外。

正如同十八世紀的英國法律權威布萊克史東（William Blackstone）所說：「寧可錯放十個，不可錯殺一人」（Better that ten guilty persons escape than that one innocent suffer），我國的刑事訴訟法第 154 條：「被告未經審判證明有罪確定前，推定其為無罪。犯罪事實應依證據認定之，無證據不得認定犯罪事實」正是先進的「無罪推定」法制。遺憾的是，冤案仍然繼續存在，申訴無門。

事實上，指認錯誤乃是冤獄最大的成因，根據聯合報 96 年 3 月 21 日報導，美國西北大學法學院「判決錯誤中心」檢視自 1972 年到 2003 年間，86 名原本被判決死刑、但後來無罪開釋的被告，其中 46 名在被冤枉定罪時，與目擊者的指認有關，比例高達百分之 53.6 ％。

錯誤的「指認」，間接促成了錯誤判決

就在李泰安案後一年的國道殺警案，也是因為在場的警察錯誤指案陳○吉為共犯，法院因而裁定羈押陳○吉，一天後真正的主嫌石○慶落網，這位國道警察才承認錯誤，他的理由是生死關頭過於緊張。而

從落網之嫌犯外表來看，與陳○吉相去甚多，但竟然還是會指認錯誤；更何況身為執法警察，受過多少的訓練，尚且會指認錯誤，怎能期待一般民眾的指認？！

　　李泰安這個案件檢察官引用秘密證人，就是坐在翻車列車第 2 車 30、32、34、36 號 (法院就用 B32、B34 等代號稱之) 這些乘客的證詞，編出一段劇本大致為：有一個像李雙全的人，在翻車後從背包拿出類似針筒的東西要往其旁類似陳女之人注射不名物品、還說一位男子來到類似李雙全男子的旁邊問「那個女的有沒有怎麼樣」，這個男子就是李泰安，一時之間這個劇本散開來，各大媒體大肆報導，但是這五個秘密證人的證詞，不但與事實不符，更是和上開國道警員一樣指認錯誤：

1. 坐在 2 車的旅客歐○文：車廂內之光線極為微弱，「有注意看但仍然無法辨視」

　　在 95 年 12 月 22 日上午交互詰問時作證說：翻車後，車廂內之光線極為微弱，縱使前方出入口上的跑馬燈及乘客拿手機可以照明，但最多也只能供車廂內乘客辨識方向爬出車廂外，仍然無法辨視男、女之性別、人影之衣著顏色、更無法辨視人影之頭髮顏色。而且他還強調是「有注意看但仍然無法辨視」，而不是「沒有注意看」。

2. 證人 B32：並沒有人到他座位旁邊講任何話

　　這位坐在 2 車 32 號 (即 35 號李雙安的走道旁邊) 的 B32，證述內容大概是說翻車後一直到救援隊來時才有照明，在此之前，車廂內是暗的，更證稱沒有所謂登山客以輔助照明照亮車廂內部的事，從

翻車後到離開，並沒有人到他座位旁邊講任何話。

3. 證人 B36：

是一位 20 歲的女子，曾說：

(1) 翻車後有人進來對著 B35 乘客說「那個女的有沒有怎樣」，這
　　個人是白頭髮、著短褲、背心，為矮胖的男子。並指認這個人
　　就是庭上的李泰安。

　　但是，B36 的位置是在 B35 位置右方即 B32 後方，三人位置是
　　呈三角關係（見圖 7-1），可是這位 B32 卻證稱，從翻車後到離
　　開，並沒有人到他座位旁邊講任何話。在前方的 B32 尚且沒有
　　聽到，為何 B36 反而可以聽到？

　　這位 B36 所做的證言稱該男子是李泰安，顯然是事後受媒體報
　　導影響所做的附合臆測之詞。

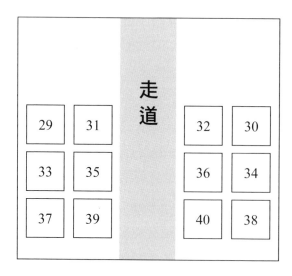

圖 7-1 莒光號座位簡圖。

如上所述，以證人瞬間記憶來指證一位從來不認識之人，是極為危險，容易出錯的。尤其在遭受到重大事件時，因情緒不安、心情緊張、均可能錯誤指認。我上面提到當時媒體報導國道警察被奪槍殺人案可知，身為國道警察之人員，堅決「指認」陳○吉就是共犯，這位國道警察事後承認錯誤，他的理由是生死關頭過於緊張，而從落網之共犯外表來看，與陳○吉相去甚多，但竟然還是會指認錯誤？

試想，以一位為執法之警察，受過多少的訓練，尚且會指認錯誤，更何況是這位在翻車時，心神不寧之 20 歲女生？

(2) 看到李雙全替陳女準備注射之針筒。

B36 之視力不可能清楚看到李雙全替陳女準備注射之針筒。原因除了上述光源明顯不足外，我在 95 年 12 月 15 日當庭提出六支市面上各式各樣的塑膠針筒，包括醫療用、螞蟻藥用、蟑螂藥用、工程用等等（見圖 7-2），這些針筒在沒有光源的車廂內，根本都看不到，證明 B36 所說的全不是事實！

(3) 她在 2 車上撿到李雙全的車票是 30 幾號

這又是受到媒體錯誤報導的影響。因為媒體報導李雙全在 3 月 17 日上午先請售票員林○誠保留 2 車 33 號、35 號，但是媒體並未報導李雙全只是保留沒有買票。

一則經過檢察官後來調查，李雙全是用信用卡刷卡買車票，座位是 5 車 47、49、51（見圖 7-3）。

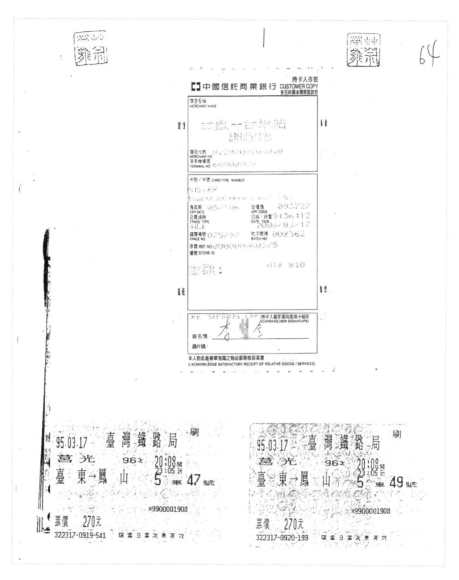

圖 7-3　A 卷 64 頁李雙全用信用卡買火車票及車票存根。

二則根據售票員林○誠說，2 車 33 號、35 號最後沒有賣出，也就是說這部列車上，在翻車前根本不會有 2 車 33 號、35 號的出現。

這位 B36 看到的車票是三十幾號，而且依照她說的「我有撿起來看」，完全是配合專案小組，以不實之指訴來獲取檢舉獎金。檢方百密一疏，偏偏沒有想到 2 車 33 號、35 號根本沒有賣出，完全推翻 B36 的證詞。

4. 而此種情形在 B30、B32、B34，同樣有此情形：

最為違反常理的是，翻車之後全部車廂內都因斷電熄燈，並無其他光源，充其量只是車廂內曾有人打手機，最多只有手機打開時之的微弱光源，(大家回想 95 年間還沒有智慧型手機，都是傳統型的 3G 手機，當時最熱門的手機 Nokia 3310、三星 F338、ANYCALL 等 3G 手機，手機螢幕光源甚小)。既然光源有所不足，為何還能明確指出黑暗中之身形即為李泰安？尤其是當時翻車時乘客心情尚屬波動 (不一定驚嚇，但不是平靜應無庸疑)，為何證人竟然可以在視線不良、心情波動的情形下為正確判斷該身形之男子即為李泰安？

其實 B30、B32、B34 三位母女及 B36 這四位證人，都因為出庭作證而領有本案的「檢舉獎金」，他們的證詞雖有上開嚴重矛盾，也明顯與其他同車乘客之證詞南轅北轍，但仍必須堅持下去，否則檢舉獎金豈不有被追回之可能？

李昌鈺明白點出：只鎖定一名嫌犯偵辦，會產生誤差

　　而專案小組為求破案只鎖定李泰安兄弟，會有上述的冤獄產生，我就不再贅述，但其實在案件剛發生沒多久，專案小組就已經向國際刑事鑑識大師李昌鈺博士請益，李博士特別點出要專案小組不應鎖定特定嫌犯，以避免產生誤差，我把當時在 95 年 3 月 29 日民眾日報的報導貼上證明：

李昌鈺將漏夜查閱台鐵案資料
並認為不應鎖定特定嫌犯

2006-03-29 民眾日報 第 06 版／社會綜合 記者鍾錦榮高雄報導

【記者鍾錦榮高雄報導】南迴鐵路出軌案，高雄地檢署昨天下午邀集專案小組 4 名檢察官與鐵路警察局等 4 個偵辦單位召開第一次專案會議，會中決定全面清查檢舉情資，並設置 500 萬元 24 小時檢舉專線電話，檢察長凌博志並宣示偵辦此案「成敗」由專案小組共同負責。

【本報綜合報導】國際鑑識專家李昌鈺博士來台行程滿檔，原本他計畫要跟朋友打高爾夫敘舊，但因為鐵路怪客一案，刑事局再度向李博士請托，讓李博士臨時取消這場球敘，轉而與屏東警方及侯友宜討論鐵道怪客的案情。李昌鈺在接受東森新聞獨家專訪時透露，會漏夜查閱台鐵案的資料，28 日與刑事局進一步交換意見。

李昌鈺說：「跟侯署長跟屏東的局長，跟鑑識科的很多同仁，交換了一些意見，同時還拿了很多資料，我 27 日回去還要看那些資料。」

李昌鈺還透露，他已經跟刑事局交換意見，目前他初步認為，刑事局偵辦鐵路怪客，不應該只鎖定一名嫌犯，也不可以把所有不利的證據，全套在特定對象的身上，這樣會產生誤差。

第 *8* 章
公權力何苦全力追殺
李泰安全家？

李雙全上吊自殺後，李聚寶上立法院抗議要求檢察
官還他兒子來，專案小組只能將李家打成犯罪家
族、李雙全是畏罪自殺。

如序言裡曾經提過，在此請容許再略作贅述：

由於李雙全上吊自殺，屏東地檢署莊姓主任檢察官召開記者會稱，李雙全投資股票虧很多錢，有資金上的需求，暗示為詐領保險金而犯下本案。

但同一天馬上被台東大華證券出面澄清打臉說檢察官算錯了，李雙全投資股票是賺錢的，這馬上引起李家家人不滿，認為是檢察官逼死李雙全，李聚寶及李泰安立即上台北到立法院召開記者會，要求檢察官還我兒子（李雙全）來，同時也去跪堵行政院院長，也是要求檢察官要還一個公道。

要求限期破案，造就專案小組一錯再錯

但是，千錯萬錯怎麼可以是檢察官的錯？我們第七章已經列出許多限期破案造成冤獄的實證，在這裡又再度印證了。

試想，李雙全已經死了，檢察官怎麼還你兒子？如果不想還你，有什麼方法既可以推掉過錯又可以不被李家追索？最簡單的方法就是一口咬定李雙全是詐領保險金之主犯，殺害自己妻子，他上吊是「畏罪自殺」，不是含冤上吊。

因此，接下來的偵辦方案，早就把李昌鈺博士的叮嚀要求，「不能鎖定特定對象」一語拋在腦後。目標明確，全部事證不管是合理的也好，不合理的也罷，全部指向李雙全就是殺害陳氏紅琛的主謀偵辦。這是專案小組的最高指導原則，所有與這最高指導原則有衝突的，都當成是前方的拌腳石，要一一踢掉！

也就是在這個前提下，才會有接下來的各種荒腔走板的羅織編造：

— 檢察官建議法醫尹○芩更改解剖鑑定報告；

— 函文給四大醫學中心要求鑑定陳女病歷先預設如果不是外傷，
　是否可能是毒物中毒死亡的原因；

— 將翻車當晚在台東玉清商店遇到李泰安，證明他不在場的證人
　李○城威嚇成偽證罪，不敢說實話。

— 黃○來不實指控李泰安獨自破壞鐵軌。

— 到太麻里找到的所謂破壞鐵軌的工具，隔了幾天才查扣，卻
　驗不到李泰安、李雙全的 DNA，反而驗出專案小組成員的
　DNA。

— 在李泰安被收押後，違反扣押程序的 SOP，直接把李雙全座車
　開上南廻公路，試圖製造李雙全座車在莒光號翻車前經由在南
　廻公路前往翻車現場的假證據。

為了唯一鎖定李泰安，不惜組合黃○來筆錄

在審理這個案件中，還發現一個明顯筆錄發生瑕疵的事實。

專案小組一開始偵訊了黃○來及其他與李泰安、李雙全往來的知本
地區證人，其中在 95 年 3 月 18 日於鐵路警察局第四警務段台東派出
所，由偵查員王○俊為黃○來 (甲男) 所製作之調查筆錄，是用傳真
的影本給檢察官，前後一共有四頁，附在卷宗編號 K 卷 98 頁到 101
頁。但是這筆錄內容我前後比對，就是兩個不同時間點的筆錄接起來

的，如何證明是接起來的？請聽我分析並舉出證據來證明：

　　首先，所有的偵訊筆錄應該都要以「原本」附於偵查卷宗，這四頁的筆錄竟然是用「傳真」方式附卷，這已和一般偵查實務相違。

　　此外，由於筆錄是用電腦打字製作，竟然發現還故意把 99 頁最後一行「生活單純，有與朋友合資開塑膠射出工廠，交」的最後一個字「交」調整文義到可以接次頁 100 頁第一行「友狀況正常，朋友單純，與同事相處融洽」的第一個字「友」，99 頁最後一行全段文義與第 100 頁第一行連貫（見圖 8-1～圖 8-4），這閱讀起來才不會違和矛盾，兩頁連接變成「生活單純，有與朋友合資開塑膠射出工廠，交友狀況正常，朋友單純，與同事相處融洽」。

98

調　查　筆　錄　第1次							
詢問	時　間	自95年3月18日14時35分起 至95年3月18日16時11分止					
	地　點	鐵路警察局第四警務段台東派出所					
	案　由	96次莒光號翻覆案					
受詢問人	姓　名	甲男	別（綽）號			性別	男
	出生年月日						
	職　業	公					
	身分證字號						
	戶籍地址						
	現住地址						
	出生地						
	教育程度						
	聯絡電話			49			
	家庭經濟狀況	貧寒		勉持	小康　V	中產	富裕

問	上記年籍資料是否正確？
答	正確。
問	你現於何處？任何職？多久時間
答	我現在於鐵路局花蓮運務段知本站擔任售票
	員，94年6月到職至今，大約9個月了。。
問	你於昨（17日）有無上班？
答	當日我是休息。

圖 8-1 K 卷筆錄第 98 頁。

99

問	你是否認識鐵路局花蓮運務段知本站售票員李雙全？
答	認識，因為李雙全是我在 夕 ' 火車站的同事，一樣都是售票員。
問	你與李雙全認識多久？李雙全平日為人如何？
答	我與李雙全大約在 90 年間同事（李同凱）家第一次見面，真正有接觸是我到知本火車站服務後的事，李雙全平日為人沉默寡言、喜歡看書、上班正常，上班時間他太太（陳紅琛）都會送晚餐給他，夫妻感情看起來應該不錯。
問	你是否認識李雙全太太（陳紅琛），李雙全與陳紅琛如何認識結婚？結婚多久？
答	認識，但不是很熟，他們是透過仲介認識結婚，結婚大約 2 年多了。
問	李雙全口中的太太陳紅琛為人如何？
答	很少提及他太太，有提到說他太太會幫他穿襪子及送晚餐，對李雙全很好。
問	李雙全生活、經濟、交友狀況為何？
答	生活單純，有與朋友合資開塑膠射出工廠，交

圖 8-2 K 卷筆錄第 99 頁。

友狀況正常，朋友單純，與同事相處融洽。

問　合資之朋友姓名、年籍為何？工廠在何處？李雙全出資多少？何時出資？至今是否合資中？報酬為何？

答　李雙全說是他同學，我不是很清楚年籍資料，只知道姓名叫曾█榮，住桃園，工廠應該也是在桃園，94 年間聽他本人說大約 1 百 50 萬，何時出資我不是很清楚，目前尚在合資中，報酬為何我不清楚，只知道本錢尚未回收。

問　今（24）日本專案小組提出李雙全出遊照片（編號 1-24）除你本人與李雙全外尚認識何人？

答　除我本人與李雙全外我認識編號：14、22、23、24 為台東站員工李█凱（電話：█████████）編號：1、4、9 叫王█華電話：█████████，編號：2、3、20、21 諶█孝電話：█████████，編號：18 叫曾█榮電話：█████████編號：11、15、16、19 叫劉█鎮電話我不清楚。

圖 8-3 K 卷筆錄第 100 頁。

問	你對陳氏紅琛意外死亡及李雙全上吊自殺案有
	何看法？
答	我感覺很沉痛惋惜，希望檢警能早日查清案
	情。
問	以上所說是否實在？
答	全部實在。
	上開筆錄於16時11分製作完畢，經被詢問人親閱後，確認無
	訛始簽名捺印
	被詢問人：
	受命詢問人：

圖 8-4 K 卷筆錄第 101 頁。

　　所以這份筆錄，從外觀來看是一份完整的筆錄，接的很好。可是它有什麼矛盾呢？我再來說說……

魔鬼藏在筆錄細節裡

　　我在法院審理的更審前二審及更一審審理期間，一再具狀，請求法院調查證據，包括去函鐵路警察局 (住址 10041 台北市中正區北平西路 56 號)，請該局檢送承辦南迴搞軌案中，前述偵查員王○俊為黃○來所製作之調查筆錄原本及錄音帶過院，並檢附 K 卷 98 頁到 101 頁之筆錄原本為據。

　　因為我已經找到這份筆錄是經過剪接兩個不同人筆錄的證據，前半段是黃○來，後半段則是剪接關係人李○凱的證據。

一、從簽名比對結果便輕易可知筆錄不是同一人

（一）在最後一頁就是 K 卷 101 頁最後受訊問人名字部分，是以修正帶塗掉一半，雖留下一些痕跡，但仍無法一下就看出是何人的簽名。所以在這個案件還在最高法院審理期間，只要有空我就比對偵查卷內各受訊問人的筆錄最後簽名欄，看能否勾稽出一點眉目。

（二）終於不負苦心人，K 卷 101 頁簽名殘跡（左）與李○凱的測謊前的簽名（右：J 卷 119 頁）、C 卷 167 頁李○凱在鐵路局台東分局筆錄簽名、C 卷 171 頁 95 年 7 月 11 日在雄檢筆錄簽名，完全一致（見圖 8-5 ～圖 8-8）！！

（三）如果再比對黃○來任何筆錄簽名（見圖8-9），一下就可看出，
　　　這份K卷98頁到101頁的筆錄，根本不是黃○來的簽名。

（四）但是，為什麼負責偵訊的員警王○俊竟然在屏東地院具結作
　　　證這是男○福來的筆錄？為什麼黃○來本人要承認這是他的
　　　筆錄？究竟在掩飾什麼？有什麼不可告人之處？

證人簽名比對圖

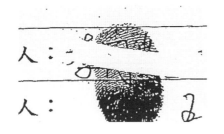

圖 8-5 K 卷 101 頁，其實是李○凱的簽名。

圖 8-6 J 卷 119 頁，李○凱簽名部分。

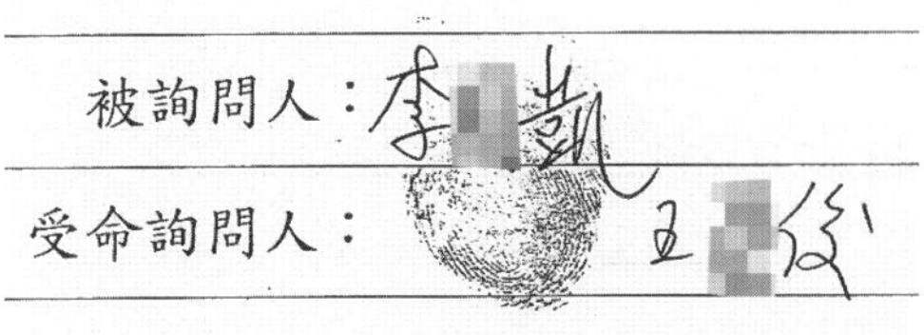

圖 8-7 C 卷 167 頁，2006 年 3 月 18 日李○凱第四警務段台東分局筆錄簽名。

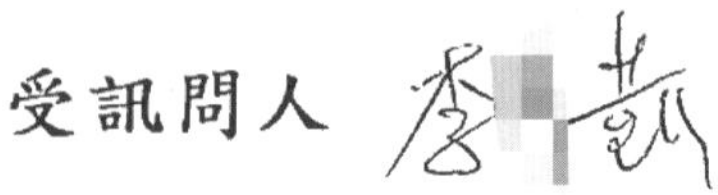

圖 8-8 C 卷 171 頁，2006 年 7 月 11 日李○凱在雄檢的筆錄簽名。

圖 8-9 J 卷 116 頁，這才是
黃○來的簽名樣式。

重要的筆錄不移送給檢察官，還失火燒毀，有誰負責？

二、鐵路警察局竟以辦公室失火，筆錄已焚毀為由，拒絕提出這份筆錄給法院

（一）更二審法院經過我一再要求，最後終於同意函請鐵路警察局將傳真之原始筆錄移送過院，但該局知道不能拿出來，否則就「代誌大條」，乾脆回函說因為鐵路警察局的辦公室失火，筆錄已焚毀，用這種方式拒絕提出。

（二）事實上，由 K 卷 98 頁右下角傳真機號碼 089333825，這區域號碼 089，為台東地區的區號，該等筆錄在台東地區製作完成，豈會在台北的鐵路警察局失火焚毀？

（三）似此重要社會矚目案件之筆錄，豈有不將正本保存妥當、又豈有不將之一併移送檢察官附卷之理？案件還在進行中遲遲不提出，還會把筆錄放在辦公室遭火焚毀，如此保管此份筆錄之人是否有失職？有無追究失職人員之責任？

這些都可證明，其實鐵路警察局是「不願」提出這份筆錄，免得一下子就被發現，明顯是李○凱的簽名，道出現在黃○來的筆錄上。

三、這份筆錄能證明什麼？

雖然鐵路警察局「不願」提出此份筆錄，而檢察官亦配合捨棄此項證據，不過，這不正充分說明：與此筆錄有關的案情，不排除其他尚有許多不為外人知的「創造、修飾證據」尚未發現？！例如：

1. 王○俊在 3 月 18 日的訊問，竟問黃○來「您對陳氏紅琛意外死亡及李雙全上吊自殺案有何看法？」(K 卷 101 頁第一行)，但是李雙全是在 3 月 23 日上吊身亡的：

   (1) K 卷 98 頁到 101 頁，依檢察官之出證，認為係黃○來接受調查時所制作之筆錄，在 K 卷 98 頁明白記載時間為 95 年 3 月 18 日 14：35 起至 95 年 3 月 18 日 16：11 止。而參酌 K 卷 98 頁最後一行最後一字，接續到 K 卷 99 頁第一行第一個字，依此到 K 卷 101 頁，可以證明，從外觀上觀察，此四頁乃連續之同一份筆錄，而其底頁亦是標明頁碼為第一頁 (共四頁)，依序到第四頁 (共四頁)，右下角都是同樣的傳真時間 2006/05/24 21:09，來自 089333825 的傳真機；更可證明是連續之筆錄，且該等筆錄之第四頁，即 K 卷 101 頁，亦載明「上開筆錄於 16：11 製作完畢，經被詢問人親閱後，確認無訛始簽名捺印」。

   (2) 可是在 K 卷 101 頁第一行，竟然有於筆錄問到「您對陳氏紅琛意外死亡及李雙全上吊自殺案有何看法？」之內容，如此情形，豈不變成當初制作筆錄之偵查員王○俊於訊問 (3 月 18 日) 時，

竟可預見 5 天後 (3 月 23 日) 李雙全會上吊自殺，豈無怪哉？

2. 經過我在屏東地方法院一審審理時，提出此份筆錄之疑問，檢察官
發現糟糕，專案小組的筆錄製作被抓包了，所以趕快當場表示「捨
棄」此份證據，但我仍表明欲做為彈劾證據使用。

屏東地院竟不追究，枉費律師一番辛苦追查

3. 檢察官基於專案小組指揮偵辦之指揮官立場，迴護專案小組不當之
作為雖可理解，但恐怕檢察官都還不知專案小組是否還有其他羅識
證據尚未被一一發現？甚至有無其他不能見光之事？

(1) 所以，我們可以看到，我在屏東地院提出此項彈劾證據之後，
一審公訴檢察官趕快請求傳喚這位警員王○俊，企圖以「員警
制作筆錄時單純之筆誤」將此事掩飾。

(2) 因此，事後也在 95 年 11 月 28 日審理時聲請傳喚王○俊到庭，
而王○俊警員亦配合，明知上開筆錄並非甲男黃○來一人之筆
錄，實際上是剪接不同兩人以上之筆錄，其中至少有一位是李
○凱的筆錄，對此關於本件案情有重要關係之事項，供前具結
後仍為虛偽證述略以：

— K 卷 98 頁，黃○來筆錄，該日期係 3 月 18 日是日期記載錯
誤，在問黃○來筆錄時，直接套用伍○郎的筆錄格式，所以
誤載日期。

— 在原審卷 430 頁檢察官問到：你的筆錄第 4 頁，你問黃○來
你對陳氏紅琛意外死及李雙全全上吊自殺死亡案有何看法，
你當時有無問他這問題？（朗讀提示並告以要旨）

答：有。

4. 以上這種按照事先編排好的劇本一問一答，有如編了一部短劇，真是把法庭上的所有人要當成三歲小孩來哄騙，最遺憾的是，屏東地方法院似乎也配合演出，未點出其中不合理之處。

(1) 因為上開剪接的筆錄附於卷宗是「傳真」之影印本，非屬原本，而依其右下角之傳真日期已是 05/24/2006　21:09 089333825，足證是在 95 年 5 月 24 日由台東的 333825 傳真，究竟此份筆錄有無經過剪接？有必要提出原本及錄音帶以供查對。

(2) 而王○俊雖稱此份筆錄為「訪查」，並沒有錄音，已明顯與筆錄上記載為「調查筆錄」不符，況且黃○來於原審交互詰問時亦稱伊只要接受訊問就有錄音，所以，絕對有偵訊過程的錄音帶存在。

(3) 尤其，由其最後一頁簽名又以立可白塗掉後，留下未完全塗抹之筆跡以觀，確非「黃○來」之字樣，到底內情為何，只要請鐵路警察局提出此等筆錄原本及偵訊時之錄音帶以供核對，即可查知。

黃○來轉述傳聞的證詞，成為李泰安有罪證據，令人不服

這份剪接的筆錄可以證明還有多少「創造證據」隱藏在卷內或卷外，未被發現？

雖然檢察官捨棄此一筆錄為證據，更在公判庭上「訓斥」辯護人稱此筆錄內容也沒有任何對被告李泰安不利之處，要求辯護人不必再爭執。但此份剪貼的筆錄，如果找出剪貼前的原來兩份筆錄，也不排除有特別有利於被告之證據被隱藏之可能。倘確如檢察官所言，那麼鐵路警察就把筆錄原來拿出來、偵訊錄音帶拿出來就好，為何遲遲不願拿出？

四、這份筆錄能做什麼彈劾證據使用？

就是證人證言憑信性可慮，事實審法院判決採為不利於李泰安的重要證人黃○來之證言，具有重大瑕疵，在沒有其他物證補強以前，單單以黃○來的證言就入李泰安於罪，令人不服。

黃○來在這個案件中，為檢察官列為「共犯」起訴，從後來黃○來被檢察官請求法院從輕判刑，最後法院竟然也同意以共同預備殺人，處有期徒刑陸月，如易科罰金，以銀元叁佰元即新臺幣玖佰元折算壹日緩刑肆年來看；他為了獲得法院輕判，證言之可信度必須補強證據佐證才可以，最高法院向來認這類型的證人，其有為偵查機關誘導、或為邀輕典而為不實之陳述之可能，其供述之真實性自有合理之懷疑。是一貫的見解，認這類型的證人供述，必須補強證據佐證，以擔保其供述之真實性，俾貫澈刑事訴訟無罪推定及嚴格證明之基本原則。

參照最高法院六十三年台上字第三五○一號判例：

人證為證據方法之一種，是用「人的陳述」為證據。證人的陳述，不免因人之觀察、知覺、記憶、敘述、表達等能力及誠實信用，而有偏差。是證人的陳述，其證明力是否充足，是否仍須補強證據輔助，應視證言本質上是否存在較大之虛偽危險性，不得一概而論。準此，無具結能力之幼童多具有很高之可暗示性，其陳述可能失真，縱施以交互詰問與對質，其真實性之擔保仍有未足，因而仍須調查其他證據。

刑事訴訟法第一百五十六條第二項定有明文：共犯之自白，不得作為有罪判決之唯一證據，仍應調查其他必要之證據，以察其是否與事實相符。

附錄一　南迴搞軌案 15 年了！李泰安律師吳漢成將出書論「誰在搞鬼」？

【自由時報 2021/03/18 11:40，黃明堂報導】

令許多台灣人記憶猶新的李泰安南迴搞軌案，一眨眼到今年已 15 年了！李泰安因殺人罪被判刑 13 年，仍在服刑中。他的辯護律師吳漢成今天預告，將出書還原真相，到底李家是否真的就是搞軌家族？他將客觀陳述來龍去脈。

吳漢成今天在臉書貼文指出，到底李家是否真的就是搞軌家族？李泰安是不是真的就是鐵路怪客？許多人還有疑問！案件雖然終結了，但全案缺乏直接證據，而間接證據也與案情相矛盾。

他說，死者陳氏紅琛體內根本沒有蛇毒，當時的行政院衛生署疾病管制局就陳女檢體檢測結果，根本沒有任何出血性、神經性蛇毒，檢察官在高院審理時承認陳女體內沒有任何毒物，但是判決定讞就憑一個人前後不一的供述，這 15 年來刑事審判有關證據的取捨進步許多，換成 15 年後的刑事審判程序，有關犯罪證據必須嚴格證明的把關，是否仍會有相同的判決結果，令人好奇！

　　吳漢成說，前大法官王澤鑑老師近一年多來，一直鼓勵他還原卷內真相，希望他能在 15 年後已經不會有干涉司法審判疑慮的前提下，客觀陳述本案來龍去脈，著手寫書，暫定書名為「誰在搞鬼」，希望 3 個月內能付梓完成！

　　南迴線於 2004 年至 2006 年期間一連串的鐵路遭破壞而導致列車翻覆和人員傷亡的事件。2006 年 3 月 17 日晚間，南迴鐵道內獅段附近，一輛台東往高雄莒光號列車出軌，火車頭及 3 節車廂翻落駁坎，所有乘客飽受驚嚇，一名女乘客、外配陳氏紅琛被送到枋寮醫院，到院時驗傷為輕傷，直到翌日凌晨突告不治，成為唯一罹難者。

　　檢警認為陳氏死因不單純，南迴鐵道又屢有怪客破壞事故，於是成立專案小組，查出死者丈夫李雙全的前妻也死於意外，且李在台鐵服務，具軌道相關專業，檢方不准陳氏遺體火化，李雙全卻突然自殺身亡，專案小組調查後認為，李雙全疑為詐領 7 千 6 百萬元保險金，涉嫌夥同胞兄李泰安設計一宗謀殺案。

　　檢方隨後與李泰安展開鬥法，經數度攻防後，聲押李泰安獲准，並在同年 7 月 28 日偵結起訴，求處死刑。歷經多年審理，2016 年 3 月 24 日，最高法院維持更三審判決定讞，判處李泰安有期徒刑 13 年、褫奪公權 6 年，並於同年 8 月 31 日由台灣高等法院高雄分院判決李泰安與李雙全兩子應連賠償台鐵新台幣 5096 萬元。

　　（轉載自《自由時報》）

附錄二　搞軌案大事記

（含歷年判決列表）

時　間	事　件
95 年	
3/17	96 次莒光號在枋寮南方枋起 10 公里 806 公尺處翻覆，李雙全越南籍妻子陳氏紅琛送醫後不治死亡。
3/22	陳氏紅琛遺體本來要火化，但檢警臨時要求暫停，媒體刊登李雙全涉嫌殺妻，詐領保險金。
3/23	李雙全上吊自殺以死明志，檢警委由法醫研究所尹法醫解剖陳氏紅琛遺體並做解剖鑑定報告判定死因。
3/24	屏東地檢署公布李雙全買賣股票賠錢的錯誤訊息，誤植李雙全賠錢 3,346 萬元，遭外界強烈批評。 台東大華證券表示檢察官計算錯誤，李雙全買賣股票共賺 20 餘萬元，沒有虧損。 李聚寶和兒子李泰安北上陳情，控訴檢方亂放話，害死李雙全，跪求行政院院長蘇貞昌要求檢察官還他兒子。
3/25	高層下達鐵路怪客案限期在 95 年 8 月底以前破案，否則要下台。 時任警政署署長立即召集八大警政單位，高雄仁武營區成立專案小組，比照陳水扁總統兩顆子彈規模偵辦。

時　間	事　件
3/27	屏檢辦案飽受抨擊，全案轉移到高雄地檢署。
3/31	法醫研究所解剖鑑定報告出爐，死亡原因為：多重創傷，但檢方不認同，電話連繫法醫要私下溝通，為法醫拒絕。
4/5	法務部法醫研究所檢驗報告出爐，陳氏紅琛體內僅有酒精及意妥明藥物，無其他毒物反應。
4/14	以正式公文通知法醫到高雄地檢署，私下溝通，希望法醫更改陳氏紅琛之解剖鑑定報告為「藥物中毒」死亡，為法醫當場拒絕。
4 月起	媒體蜂湧而至李家連線採訪，李泰安家「泰安休息站」爆紅。
5/2	吳漢成律師召開記者會請求檢方將陳氏紅琛之解剖鑑定報告付予家屬，並決定在 5 月 9 日為上吊自殺的李雙全辦理告別式。
5/5	檢警大規模搜索李雙全家，查扣 7 箱證物，但事後證明沒有任何與破壞鐵軌有關的物品。陸續傳訊李泰安、吳春芳夫婦及李聚寶。

時 間	事 件
5/23	屏東地方法院一審宣判（95 年矚重訴字 1 號）： 李泰安共同殺人，處無期徒刑，褫奪公權終身。 被訴於民國九十四年六月二十一日犯詐欺取財未遂、犯妨害火車行駛安全致傾覆罪、殺人未遂部分均無罪。
5/26	檢警再次傳訊李泰安，且首次將他列為殺人及公共危險的被告，向高雄地方法院聲請羈押李泰安遭駁回，該院並以管轄錯誤為由移轉至屏東地方法院受理。
5/27	雄檢經過連續 28 小時未休息之偵訊，向法院聲請羈押李泰安，但遭屏東地方法院駁回。 雄檢提出秘密證據不提示予律師辯護，律師抗告無效，7 天後，高雄高分院撤銷發回屏東地方法院，合議庭裁定收押。
6/8	媒體報導：檢警與汙點證人黃福來喝酒宵夜，乘酒意突破其心防，黃在滷蛋攻勢下和盤托出與李雙全共謀搞軌，並帶警方前往南迴路段指出作案工具藏放在太麻里台灣牛牛肉麵附近箱涵內。 但檢警卻不立即啟出證物。
6/15	專案小組召開會議後，在一週後才前往太麻里鐵道旁箱涵內取出黃福來指認的破壞鐵軌工具，非常悖於常理。

時　間	事　件
7 月	取出之破壞鐵軌工具，經送鑑定後，沒有李雙全、李泰安之 DNA，但有專案小組成員的 DNA。
7/28	屏東地檢署起訴李泰安，並求處死刑，全案宣告偵結。（案號：屏東地檢署 95 年偵 4371 號）
	96 年
11/16	高等法院高雄分院二審宣判（96 年矚上重訴字第 1 號）：原判決關於李泰安部分撤銷。 李泰安共同犯妨害舟車行駛安全致傾覆罪，處有期徒刑捌年，減為有期徒刑肆年；又共同殺人，處有期徒刑拾伍年，千斤頂壹個、白色鐵管壹支、鐵槌壹支、鐵撬壹支、塑膠袋壹只均沒收，應執行有期徒刑拾捌年，千斤頂壹個、白色鐵管壹支、鐵槌壹支、鐵撬壹支、塑膠袋壹只均沒收。
	98 年
1/22	最高法院三審判決（98 年台上字第 401 號）：原判決撤銷，發回台灣高等法院高雄分院。

時　間	事　件
99 年	
7/30	高等法院高雄分院更（一）審宣判（98 年度矚上重更字第 1 號）： 原判決關於李泰安 95 年 3 月 17 日殺人等有罪科刑部分撤銷。 李泰安共同殺人，處有期徒刑拾叄年，褫奪公權陸年。
100 年	
11/30	最高法院 100 年台上字第 6644 號判決： 原判決撤銷，發回台灣高等法院高雄分院。
102 年	
2/7	高等法院高雄分院 100 年度矚上重更（二）字第 2 號宣判： 原判決關於李泰安 95 年 3 月 17 日殺人等有罪科刑部分撤銷。 李泰安共同殺人，處無期徒刑，褫奪公權終身。

時　間	事　件
12/5	最高法院 102 年度台上字第 4971 號判決： 原判決撤銷，發回台灣高等法院高雄分院。
104 年	
2/12	高等法院高雄分院 102 年度矚上重更 字第 1 號更（三）審宣判： 李泰安共同殺人，處有期徒刑拾參年，褫奪公權陸年。
2/26	李聚寶過世，享壽 91 歲。
105 年	
3/24	最高法院 105 年台上字第 687 號判決： 上訴駁回。全案確定。

作者跋　檢察官不能是追訴狂

　　近年來，內心一直不斷廻繞著多年前，曾在報紙看到林孟皇法官投書「有話直說：檢察官不能是追訴狂」一文，印象最深刻的是，他在文章中說的一段話：

102 年 10 月 02 日
蘋果日報

　　「檢察官在行使職權時，也應善體德國《刑事訴訟法》改革先進米德邁爾的至理名言：『檢察官應盡力求真實與正義，因為他知曉，顯露他片面打擊被告的狂熱，將減損他的效用和威信；他也知曉，只有公正合宜的刑罰，才符合國家的利益。』」

　　從我擔任法官一直到目前的律師工作，司法實務超過 30 年，辦過大小案件數千件，「台東搞軌」案 (以下稱本案) 是讓我最耗費心力、卻又充滿無力無奈、迄今仍為當事人被告憤憤不平、日日牽掛難以釋懷。

　　本案的種種不合理、不公平之處，我已在書中儘量心平氣和敘述，撰稿時，往往執筆一歎再歎；寫完後仍意念難平，也回想起林孟皇法官前揭大作，感慨由於檢察官的堅持己見，司法的效用與威信大受減損！

在本案纏訟的 10 年間，我雖是義務接辦，仍善盡各種努力為被告洗刷不白之冤。猶記接辦這件案件的前四個月，律師事務所門口每天都停了六、七部各家電視新聞台的 SNG 車。早上九點，辦公室就坐滿了一、二十位電子、平面媒體的新聞記者，不要說提供茶水、傳真影印服務，重點是，為了避免被關注，根本沒人敢踏進我的律師事務所，結果是我至少有四個月沒有客戶、沒有收入！偏偏偵辦的專案小組還故意對外放話說，我雖然是義務接辦這案件，但如果打贏了官司，可以從保險金中領到二千萬元…。哈哈，我只好都笑著回應媒體記者說，如果領不到，請幫我找專案小組要。

就此，在本書掩卷之時，我仍然要為律師同道表達不平之鳴：常常有人偏頗的認為律師是渾身銅臭味、眼睛裡只有利益的魔鬼代言人。事實上，近數十年來，我所知道的諸多律師為保障人權、堅持司法正義，跳脫過去凡事向「錢」看，投入義務服務的公益律師，已經比比皆是。

一位專業負責任的律師，雖然沒有辦法行使如檢察官一樣的公權力，在嚴重的武器不平等下，仍應依循刑事訴訟著重的保障司法程序正義，堅守信念，全力以赴，不管是為被害人的一方，還是為被告的一方。

檢察官不能是追訴狂，同樣的，律師已不再是魔鬼代言人！

世紀大冤案：南迴搞軌
辯護律師的不平之鳴

作　　　者	：	吳漢成
美術設計	：	洪祥閔
插　　　畫	：	蔡靜玫
社　　　長	：	洪美華
責任編輯	：	何　喬
照片提供	：	吳漢成、羅紹平、中央社、聯合報

出　　　版	：	幸福綠光股份有限公司
地　　　址	：	台北市杭州南路一段 63 號 9 樓
電　　　話	：	(02)23925338
傳　　　真	：	(02)23925380
網　　　址	：	www.thirdnature.com.tw
E－m a i l	：	reader@thirdnature.com.tw
印　　　製	：	中原造像股份有限公司
初　　　版	：	2021 年 11 月
郵撥帳號	：	50130123 幸福綠光股份有限公司
定　　　價	：	新台幣 350 元（平裝）

本書如有缺頁、破損、倒裝，請寄回更換。
ISBN 978-626-95078-0-1

總經銷：聯合發行股份有限公司
新北市新店區寶橋路 235 巷 6 弄 6 號 2 樓
電話：(02)29178022 傳真：(02)29156275

國家圖書館出版品預行編目資料

世紀大冤案：南迴搞軌／吳漢成
著 -- 初版 . -- 臺北市：幸福綠光，
2021.11
面；　公分

ISBN　978-626-95078-0-1（平裝）
585.5　　　　　　110011437